U0033700

民國時期南海主權爭議
── 海事建設 ──
（一）

South China Sea Territorial Disputes in Republican China

Marine Construction

- Section I -

許峰源／主編

導讀

許峰源
國家發展委員會檔案管理局應用服務組研究員

　　近年來，南海諸島主權引起眾多國際爭議，各方為解決問題進行研究，累積多元成果，反映南海周邊國家捍衛島嶼主權的論述，也折射南海歷史文化、海洋資源與國際法事務多重樣貌。當前，臺海兩岸共同承繼清末以降至民國時期管理南海諸島的歷史脈絡，直至 1949 年中國情勢變遷，中華人民共和國在北京立國，中華民國撤退臺灣，此後雙方都宣稱以中國之姿擁有南海島嶼。換言之，1949 年以前清政府、北京政府與國民政府維繫南海島嶼主權的努力，已成為今日兩岸承繼南海諸島的重要條件，以及對外捍衛島嶼主權的歷史證據。

　　長久以降，中國與南海周邊國家爭論島嶼主權，曾經為保衛島嶼領土而動用武力對抗；面對各國掀起主權爭議之際，也依據國際法理論，梳理歷史事證，尋求突破僵局。在捍衛南海諸島主權事例中，以清政府從日本收回東沙島最被津津樂道。1895 年，日本依據《馬關條約》占領臺灣，賡續南向擴張勢力。20 世紀初，日商西澤吉次（Nishizawa Yoshiz, 1872-1933）率領工人、漁民登上東沙島，拆毀華人建物，重新建造房舍，打造新式工廠，建築鐵路，開採磷礦，捕撈魚、蝦、貝類與海產，將東沙島命名西澤島，塑造其最早發現島嶼及日人

已在島上活動的意象，以契合國際法先占原則。值此之際，清政府觀察日本人頻繁往來東沙島，派遣兩廣總督張人駿（1846-1927）前往勘查，令其與日本交涉，揭開中日雙方爭執南海島嶼主權的序章。張人駿探究各式資料，把握有利形勢，經雙方外交斡旋奠定收回東沙島的基礎，同時也趁著中日交涉之際，派遣廣東水師前往西沙群島勘查，並以亞洲特有豎立石碑、鳴砲方式，宣示西沙群島主權歸屬中國。[1]

20世紀上半葉，除前述清政府與日本的東沙島爭論外，另一被留意的議題，是1930年代國民政府先後與日本、法國競爭南海島嶼主權。國民政府與日本的爭執在於日商與殖民地臺灣漁民經常穿梭該海域，在東沙島、西沙群島從事捕撈、漁獵活動，開採海洋資源、島嶼磷礦，引發彼此衝突。國民政府立基清政府的努力成果，強調擁有東沙島、西沙群島主權，請日本政府規勸商人、漁民勿任意前往南海諸島及附近海域從事非法作業，甚至命令海軍軍艦赴南海海域威嚇、驅逐日本商人、漁民，但始終無法杜絕日人冒險行為。至1937年7月，蘆溝橋事變爆發，9月日本以迅雷不及掩耳的速度占領東沙島、西沙群島，隨後進占南沙群島，全面展開環境與物產調查，策劃島嶼產業開發。1939年，臺灣總督府將東沙、西沙、「新南群島」劃歸高雄州管轄。

---

1 許峰源，〈東沙島氣象建置與南海主權的維護（1907-1928）〉，收於王文隆等著，《近代中國外交的大歷史與小歷史》（臺北：政大出版社，2016），頁183-188。許峰源，〈晚清張人駿捍衛南海主權的努力〉，國立中興大學歷史學系主辦，「近代歷史的人事物學術研討會」，臺中：國立中興大學，2017年11月17日。

總之，20世紀上半葉，國民政府面對日本開發南海島嶼資源，引發島嶼主權激烈爭論。中國對日抗戰爆發後，日本占領東沙島、西沙群島，將南沙群島劃入勢力範圍，落實島嶼開發與建設工程，迫使中國暫時無法管控南海諸島。國民政府與日本抗衡南海諸島主權之際，又與法國接二連三斡旋島嶼主權。1932年，法國出兵占領西沙群島的武德島（即永興島），隔年又占南沙群島9小島，國民政府派員蒐查事證，爭議迭起，與法國有多次交鋒。1938年，國民政府和法國又因日本出兵占領東沙島、西沙群島，陷入南海諸島主權角力戰，猶如紙上談兵。

　　1945年8月，國民政府對日抗戰勝利，著手收復被日軍侵占的領土，南海島嶼也列為接管的重要事項。中國內部意見未一致，部分認為應先調查島嶼狀況，再據調查報告評估未來開發方向、程度；另有意見以為應該先派船艦前往巡視，部署軍隊駐防。就在此時，法國關切中國在南海的動態，新獨立的菲律賓也圖謀控制鄰近國土的南沙群島部分島嶼。國民政府主席蔣中正（1887-1975）觀察國內外情勢，決定畢其功於一役，在同一時間內完成西沙、南沙群島調查、接管以及國軍進駐作業。1946年11月至12月間，國防部派遣多艘軍艦，按照「南海諸島疆域圖」運載各界專業人士前往西沙、南沙群島，以此確立戰後中國的南海疆域、島嶼主權，透過島嶼實際勘查，籌劃未來發展方向。[2]值得注

2　許峰源，〈蔣中正捍衛南海諸島主權的努力（1945-1956）〉，

意的是，就在國民政府海軍進駐西沙、南沙群島，重新勘查與命名島嶼之際，法國堅持擁有部分島嶼主權而提出嚴正抗議，使得中法兩國又陷入爭論的漩渦。

20世紀下半葉，在兩岸分治、美蘇對峙以及亞洲新興國家等諸多變數下，南海島嶼主權錯綜複雜，當聯合國宣布南海蘊藏豐富石油資源，周邊國家大張旗鼓，不惜動用武力，捍衛所屬主權以爭奪資源，軍事衝突與日俱增。時至今日，南海宛如亞洲火藥庫，戰爭隨時一觸即發，威脅全球和平安全。南海諸島主權錯綜複雜，各聲索國無不汲取有利事證，引據國際法論理，鞏固島嶼主權。當各國強調獨自擁有島嶼主權、權利，多邊交涉宛如平行線，極難凝聚共識。

南海諸島主權爭議，成為各界關注焦點，《外交部檔案》保留許多中外交涉史料，經彙整出版《外交部南海諸島檔案彙編》，俾利參考研究，以及充作中華民國領有南海諸島主權的礎石。[3] 除了從歷史典籍與過往對外交涉梳理事證，宣示南海島嶼主權，也可以從島嶼經營以及國際合作角度觀察。舉如東沙島的開發，早在清政府從日本收回東沙島，即設置「管理東沙島委員會」，調查各項資源，籌劃發展島嶼產業。後來，又成立「西沙群島事務處」，派員勘察並擬定〈西沙島事務處開辦辦法八條〉，準備開發西沙群島資源。除了日本

《海洋文化學刊》，第22期（2017年6月），頁23-56。

3　外交部研究設計委員會編，《外交部南海諸島檔案彙編》（臺北：外交部研究設計委員會，1995）。

關注東沙島特殊資源「海人草」外，[4] 尚有日不落國之稱的英國也曾聯繫清政府，希望在東沙島架設燈塔，指引往來南海海域船隻正確方位，躲避礁石，減少海難事件。另一方面，英國鑒於殖民地香港鄰近南海，夏、秋兩季常常遭到颱風侵襲，財產損失與人員傷亡慘重，研擬與清政府攜手合作，在東沙島架設無線電臺、氣象臺，蒐整資訊，預報氣象，降低災損。爰此，英國駐華使館多次向清政府外務部聯繫，表示香港政府願意出資設置東沙島氣象臺，透過電報發送觀測數據，讓香港與附近海域作業船隻得以掌握海象的變化。

　　氣象用途廣泛，舉凡航運與空運事業、國防與軍事工程、農林漁牧產業都仰賴輔助。隨著無線電報普及化，愈來愈容易掌握氣象預報資料。今日，我們可透過氣象預報數據，得知氣候變化，降低航海、航空遇險率。然而，無線電報、氣象觀測都是西方新式科技產物，20 世紀初清政府不熟悉該項專業事務，對英國提議共同開發東沙島無線電報與氣象事業，究竟如何因應？最終，辛亥革命爆發，清政府覆滅，終結中國千年帝制，也讓東沙島海事建設付諸流水。

　　民國初始，中國軍閥割據，歐洲戰雲密布，各方無暇關注東沙島事務。至第一次世界大戰結束，

4　早期臺灣衛生條件不佳，80%以上人口苦於寄生蟲威脅。日本引進對抗寄生蟲方法，讓患者服用煎煮過的海人草湯汁，以收功效。1907 年，日商西澤吉次發現東沙島擁有海人草、鳥糞、貝類資源，集結漁民前往開採，引起清政府注意。參見許峰源，〈從海人草的開發考察我國東沙島主權之維護〉，國立臺灣師範大學政治學研究所、內政部、國史館、行政院海岸巡防署主辦，「多元視角下的南海議題學術研討會」，臺北：國史館，2014 年 9 月 1 日。

北京政府以戰勝國之姿參加巴黎和會（Paris Peace Conference），但未如願解決中日山東爭議而呈現中外緊張形勢。1921年11月至1922年2月，美國召開華盛頓會議（Washington Naval Conference），重申門戶開放政策，緩和中日兩造爭端，亞洲情勢趨於穩定。1923年6月底，英國駐華公使館受香港總商會的請託，聯繫中國稅務處並說明颱風直撲南海而來，香港首當其衝，為防範災難與減少損失，願意捐款協助北京政府在東沙島搭建無線電臺、氣象臺，透過國際氣象合作模式，提早讓香港獲得數據，掌握颱風動態，減少災難損失，以及確保南海周邊船隻作業安全。

　　建置東沙島無線電臺、氣象臺，攸關中國海洋事務的推展，北京政府令海軍部海道測量局評估。海道測量局強調可建置無線電臺、氣象臺，加強國際海洋氣象合作，但強調若由外國提供資金，日後不免爭議擁有權，容易因外資操控而阻礙領海主權，建議北京政府應獨力從事海洋事務建設，無須與英國、香港合作。北京政府採納不假外資的建言，由海軍部海岸巡防處負責東沙島無線電臺、氣象臺搭建工程。東沙島無線電與氣象臺的搭建，始終面臨經費不足與技術人力短缺的窘境。歷經海岸巡防處多次努力，順利爭取財政部撥付款項，從國外購買適當的機器，聯繫船艦運載機具與工人前往東沙島，得以落實興建工程。

　　東沙島無線電氣象臺興建過程中，衍生相關問題。例如，自清末以降東沙島、西沙群島為廣東省公署管轄，日本商人經常違法勾結華商，開採島嶼磷礦、海洋

資源，因危及島嶼主權而頻起爭議。1925 年底，東沙島無線電臺與氣象臺工程完竣，海岸巡防處以島嶼行政管轄權歸屬廣東省，卻無民眾居住在島嶼，提議東沙島應歸海軍部管理。1926 年，北京政府國務院決議東沙島轉由海軍部管轄，派遣海軍進駐島嶼。不久之後，國務院又令海軍部籌劃建設西沙群島，並以西沙群島與東沙島位居南海區域，在維繫國防安全、節省經費開支的考量下，將二者劃歸海軍部管理。海軍部管理東沙島、西沙群島，開放華商申請經營島嶼產業，嚴格取締日本商人不法行徑，藉此鞏固島嶼主權。尚可留意的是，東沙島無線電氣象臺開始運作後，將氣象資訊就近提供廣東參考，也密切與上海、青島交換氣象資料，厚實中國氣象學研究基礎，同時秉持國際合作的精神，將氣象資訊提供香港與英國船隻參考，提早預防颱風來襲，並與菲律賓氣象臺交換資訊，精確掌握南海海域氣象變化。[5] 總之，北京政府經營南海諸島，除了海洋事務外，尚待更多的討論，方能全盤理解其南海策略。

　　至 1928 年，國民革命軍完成北伐，國民政府統一中國，啟動國內各項建設。11 月，中國海關總稅務司梅樂和（Sir Frederick William Maze, 1871-1959）聯繫南京財政部，聲明北京政府在東沙島的氣象事業已委由海關辦理。因此，國民政府面對南海諸島的首要問題，在

5　許峰源，〈東沙島氣象建置與南海主權的維護（1907-1928）〉，頁 188-205。許峰源，〈許繼祥捍衛南海主權的努力（1920-1928）〉，收於劉維開主編，《1920年代之中國》（臺北：政大出版社，2018），頁 151-169。

於與海關斡旋東沙島氣象作業。1930 年 4 月至 5 月間，
香港皇家氣象臺長克蘭斯頓（T. F. Claxton）召開遠東
氣象會議，各國氣象專業人員聚集香港，經提案、討論
而凝聚技術合作的共識。會議中，多國專家不約而同強
調東沙島氣象臺是南海重要測候機構，往返海域船隻獲
益匪淺，擬請中國設法在西沙島（Paracel）、密克斯勒
司費濱島（Macclesfield Bank）增設氣象臺，全面掌握
南海氣象瞬息萬變。國民政府為發揚國際氣象合作精
神，經衡量國家整體財政狀況，決定在北京政府經營的
基礎上先設置西沙島氣象臺，立刻引來法國抗議的軒然
大波。[6] 另外，西沙群島蘊藏豐厚的天然鳥糞，可以提
煉成磷礦後再加工為化學肥料，施用於農作物的增產。
國民政府將西沙群島產業開發委由廣東省辦理，批准中
山大學調查、辦理鳥糞開發，後來鑒於成效不彰，轉交
華商經營、生產，又引起法國密切關注。中法兩國透過
外交斡旋，捍衛彼此島嶼主權而勢如水火。至 1937 年
9 月，日本急遽擴展南海諸島勢力，占領東沙島、西沙
群島，國民政府、日本、法國三方爭論再起。然而，隨
著戰爭情勢演變，中法兩國誠然已無法顧及南海諸島
主權。

　　1945 年 8 月，中國抗戰勝利，翌年底海軍與各方
調查人員進駐西沙、南沙群島，鞏固南海島嶼疆域。抗
戰爆發前，廣東省掌控東沙島、西沙群島行政管轄權。

6　許峰源，〈中國海洋事務建設與南海主權的維護（1912-1937）〉，
　　收於廖敏淑主編，《近代中國外交的新世代觀點》（臺北：政大
　　出版社，2018），頁 97-130。

抗戰期間，日本先後占有東沙島、西沙群島、南沙群島，由臺灣總督府高雄州負責管轄，策劃島嶼開發事務。抗戰勝利後，日本勢力撤出南海，但國民政府對外面臨菲律賓、法國也計劃開拓南海的壓力，對內則有臺灣、廣東兩省循著不同歷史脈絡，競爭南海諸島行政管轄權、南海漁場權利、島嶼產業開發權。儘管海軍與勘察、研究人員前進西沙、南沙群島，奠定中華民國所屬南海諸島疆域範圍，但與菲律賓、法國主權爭執也浮上檯面。國內方面，決定由廣東省掌管南海諸島經營實務，但受到國共戰爭影響卻力有未逮。至中華民國政府撤退臺灣後，面臨環南海國家與中共勢力進逼南海，聲稱擁有南海諸島主權，但已漸漸無法管控島嶼。

　　整體而言，歷經清政府與民國時期北京政府、國民政府積極建設東沙島、西沙群島，維繫航海安全，開發島嶼資源，確立主權所屬。大抵清政府、北京政府、國民政府在南海活動範圍僅止於東沙島、西沙群島，對中沙群島、南沙群島地理位置、周邊島嶼分布尚未能夠充分掌握。例如，密克勒斯費濱島地處中沙群島，附近多暗礁、位置偏遠，加上海岸巡防處缺乏大型軍艦船隻載運調查人員前往探勘，被迫放棄建置該島氣象臺，決定建設西沙島氣象臺為首要目標。過程中，充滿內外折衝，海軍部、廣東省爭奪西沙島氣象臺管理權，又適逢法國掀起西沙群島主權爭議，以及日本覬覦島嶼資源大動干戈。海軍部堅持建置西沙島氣象臺，捍衛島嶼主權，消弭各國覬覦的野心。惟中國受困國共戰爭，國庫困乏、財政崩壞，推遲西沙島氣象臺建置作業。直

至 1936 年財政部才撥付款項，海軍部招商添購設備，逐步落實建設，希望藉此弭平中外島嶼主權爭議，也寓意遵照遠東氣象會議之決議，發揚國際合作的精神。戰後，國民政府重視南海島嶼問題，在最短時間內投注東沙島氣象臺修復工作。

　　燈塔、無線電與氣象臺是南海島嶼最重要的海洋事務建設。清末以降，中國歷經北京政府、國民政府，賡續關注這三大海事建設，接力完成建置工程，透過無線電報提供氣象資訊，彰顯國際氣象合作的精神，並且以經營海洋實務為證捍衛島嶼主權。臺灣典藏翔實、豐富的歷史檔案，不乏清政府、北京政府、國民政府管理南海諸島實務的珍貴紀錄。例如，中央研究院近代史研究所檔案館所典藏《外務部檔案》，保存清末中日東沙島主權交涉、清末官員驅離東沙島日人、清政府籌設東沙島燈塔專卷，可據以分析清政府捍衛東沙島主權的努力，與籌劃海事建設的歷程。該館典藏的《外交部檔案》，清楚記錄民國時期中日南海漁業爭端、北京政府籌建東沙島無線電氣象臺，與開發西沙群島資源，可據此梳理北京政府管理南海諸島事務，以及捍衛南海主權的實況。國史館典藏的《外交部檔案》，有國民政府時期開發西沙群島各項資源紀錄，可據之考察中國經營島嶼實際狀況，和中法兩造主權爭議。國家發展委員會檔案管理局典藏的《國防部史政編譯局檔案》，保留北京政府海軍部遣離在東沙島活動的日本人、開發東沙島與西沙群島產業計畫，以及國民政府海軍部接管東沙島燈塔與後續管理作業，籌劃開發西沙群島而與日本、法國

走向衝突。除此之外，尚有戰後國民政府重整東沙島氣象臺作業實錄。總之，透過這些翔實的檔案資料，可以清楚觀察清政府、北京政府與國民政府經營南海諸島的實際樣貌，以及不同階段面臨的內外挑戰。是以，特別以南海諸島海事建設為主軸，編選《民國時期南海主權爭議：海事建設》，共計二冊，俾利有興趣者參考應用，探索百年來中國經營南海島嶼燈塔、無線電報與氣象作業的成果，從實務面詮釋中國捍衛南海諸島主權的歷史事實。

編輯凡例

一、本套書共二冊,依照原件錄入。

二、為便利閱讀,部分罕用字、簡字、通同字,在不影響文意下,改以現行字標示;部分統計數字與發文日期,改以阿拉伯數字呈現。以上情形恕不一一標注。

三、部分表格為配合排版,略有更動樣式。

四、原文內有「左」、「右」之敘述,不予更動。

五、原稿無法判讀之文字,以■標示。

六、部分附圖、附表,原件即無。

目　錄

一　東沙島海事建設事宜（1909-1926）

（一）外交部門

原案單位：外務部
典藏單位：中央研究院近代史研究所檔案館

英使請於東沙島中國自設無線電希查照核復

日期：宣統元年 10 月 3 日（1909 年 11 月 15 日）

宣統元年十月初三日，發郵傳部、粵省，咨稱：「准英國朱使面稱：『粵省東沙島為輪船往來所經之地，海面風浪時有，香港已設有天文臺測量風信，若在東沙島設有無線電與香港通信，於各國航業大有裨益。擬請由貴國於該島自設無線電機，既便往來船隻，並可藉示該島為中國領土，此舉不過四千兩之譜。』等語。」查東沙島孤懸海外，為往來輪舶必經之地，英使請於該島由中國自設無線電信，自係為靈通消息起見，且所費無多，自可量加籌設，以利交通。除咨郵傳部核辦外，相應咨行貴部／貴督查照核辦並見復，可也。

英使請於東沙島安設無線電事

日期：宣統元年 10 月 8 日（1909 年 11 月 20 日）

節略

設立天文臺及安設無線電在大東沙島，若於驟起狂風時

能預知華海南境風暴之起，裨益殊深，且係保護來往華
南沿海各船之道。現在廣州、潮州及他口皆仰仗香港天
文臺，方能預防風暴，香港天文臺由政府年助經費巨
款，該臺以公義為重，不索酬資，徑由海關報知中國，
地方官並通發預防急報，通知來往華海、華洋各船，詳
敘暴風到來之時，其所得風暴起信，全仗各處相與之天
文臺每日報告。就航海各船利益而論，中國政府亦應在
該島設立天文臺，無須花費巨資，茲已估算安設無線
電，除修蓋收發電報之屋及機器房屋，並二、三人役居
室數間外，不過用英金四、五百磅。其天文臺應辦之事
僅止觀看風雨表及風力來去，並其他項天色情狀，不必
深文奧義、專門飽學之人，若與中國通電，則廣州水師
可為，亦無需巨款，倘貴政府肯願照辦，本大臣近准香
港政府請向中國陳明。香港政府於此天文臺所收及發往
廣州，及按照將來與地方官議定之他處各電協力相助，
如中國願派人從事，香港天文臺總辦亦肯隨事指導也。

十月初七

附洋文

November 19, 1909

The institution of an observation with a wireless Telegraph
Installation on Pratas Island would be of great advantage
during the typhoon season for the forecasting of sterms in
the southern portions of the China sea, and a protection to
all shipping frequenting the Southern coasts of China.

At present Canton, Swatew and other neighbouring ports of
China are dependent for warning of approaching typhoon

upon to Hongkong Observatory, an institution supported by the Hongkong Government at great expense, which gratuitously and in the common interests of humanity furnishes directly to the Chinese Authorities at Canton through the Imperial Maritime Customs, and generally by its published warnings to all shipping both foreign and native frequenting the Southern seas, information regarding the approach of typhoon based on the stations with which it is in communication.

It is highly desirable in the interests of navigation that the Chinese Government should on their side establish an Observation Station on Pratas. No great expense need be incurred. It is estimated that the cost of a suitable Wireless Telegraph Installation would cost from £400 to £500, exclusive of the cost of inexpensive buldings for the operating room, engine house, and living quarters of the Staff which need not consist of more than three persons. The observations are of a simple nature relating merely to readings of the barometer, force and direction of the wind, and other weather indications, and do not require to be made by an expert staff. Communication with the mamnland of China could no deubt be undertaken without much expense by the Chinese Naval Authorities at Canton. In the event of the Chinese Government adopting this suggestion, Sir John Jordan is requested to state that the Hongkong Government will be ready to cooperate in receiving and transmitting the observations to Canton and elsewhere, as may be arranged with rhe Chinese local authorities. The Director of the Hongkong Observatory would also, if desired, undertake the instruction of the Staff to be sent to Pratas in the method of taking the observations.

郵傳部咨東沙島擬設無線電事已咨粵省督迅速籌辦由

日期：宣統元年 10 月 10 日（1909 年 11 月 22 日）

郵傳部為咨呈事。電政司案呈，接准咨開：「准英國朱使面稱粵省東沙島為輪船往來所經之地，海面風浪時有，香港已設有天文臺測量風信，若在東沙島設有無線電，與香港通信於各國航業，大有裨益。擬請由貴司於該島自設無線電機，既便往來船隻，並可於藉示該島為中國領土，此舉所費不過四千兩之譜等語。查東沙島孤懸海外，為往來輪船必經之地，英使請於該島由中國自設無線電自係為靈通消息起見，且所費無多，自可量加籌設，以利交通；咨行查照核辦。」等因前來。查無線電報粵省各海口早經設立，東沙島為輪船往來必經之地，自應早為籌設，以靈消息保主權。咨准前因。除咨行兩廣總督迅速籌辦外，相應咨復貴部查照，可也。

須至咨呈者

右咨呈

外務部

外務部咨東沙島擬設無線電事抄送英使節略核復查照由

日期：宣統元年 10 月 12 日（1909 年 11 月 24 日）

呈為咨行事。前准英使請於東沙島由中國自設無線電信，業經本部於本月初二日咨行貴部核復在案／貴督查照在案。咨復據該使送來節略，大致謂現在廣州、潮州及他口皆仗香港天文臺，方能預防風暴，中國若在東沙島安設無線電，不過英金四、五百磅，如派人從事，香港天文臺總辦亦肯隨事指導等語；視前面談之語，較為詳明。除據本月初十日來咨，先行轉達英使外／除咨郵傳部核復外，相應抄錄原送節略，咨行貴部連同前咨所核復／貴督查照，可也。

須至咨者

郵傳部、粵督

外務部致英朱使節略東沙島設無線電事准郵傳部復稱已咨粵省籌辦由

日期：宣統元年 10 月 13 日（1909 年 11 月 25 日）

致英朱使節略

本月初八日，准貴大臣節略內開：「中國若在東沙島設立無線電，裨益殊深，香港天文臺總辦亦肯隨事指導。」等因。當經本部咨行郵傳部核辦去後，茲准復稱：「已咨行兩廣總督迅速籌辦。」等語，希查照。

郵傳部咨開送電報生姓名派赴香港學習無線電報請轉照英使議定見復由

日期：宣統元年 11 月 16 日（1909 年 12 月 28 日）

郵傳部為咨呈事。電政司案呈，准咨開：「前准英使館請於東沙島由中國自設無限電信，業經咨行核辦。」在案。咨復據英使送來節略，大致謂現在廣州、潮州及他口皆仗香港天文臺通信，方能預防風暴，如中國願派人從事，香港天文臺總辦亦肯隨事指導等語；抄錄節略，咨行查照前來。當經札飭電政局核議去後，據該局稟稱：「英朱使請由中國派人前往香港天文臺學習天文氣候，電局有當樂從，且深感英使之美意，現擬遴派學生五名前往從事。所有香港天文臺如何接洽辦理，並於何時前往，請轉咨照會英使核復，並開具學生姓名、年歲、籍貫呈請鑒核。」等情前來。相應咨呈貴部查照，照會英使議定見復，以憑轉飭電政局遵照，可也。

須至咨呈者

右咨呈

　　　　　　　　　　　　　　　　外務部

遴派學習無線電報學生五名姓名清單計開，按聽報工夫排列名次：

　　　程德龍　年十八歲　吳縣人

　　　唐行健　年十六歲　善化人

　　　方叔平　年二十歲　上海人

　　　凌永詳　年十七歲　吳縣人

　　　石守福　年十七歲　嘉定人

外務部函英使選派學生赴香港學習無線電事希詢明辦法見復由

日期：宣統元年 11 月 18 日（1909 年 12 月 30 日）

致朱英使函

逕啟者：

東沙島設無線電事，前准郵傳部來咨，業於十月十三日開送節略在案。咨復准郵傳部咨稱：「飭據電政局稟稱：『英國駐京大臣請由中國派人前往香港天文臺學習天文氣候，電局自當樂從，且深感美意，現擬遴學生五名前往從事。所有香港天文臺如何接洽辦理，並於何時前往；開具學生姓名、年歲、籍貫』呈請轉致英國駐京大臣議定見復。」等因前來。相應照錄學生姓名清單，函達貴大臣查照，希即轉致香港總督詢明辦法見復，以便轉復郵傳部，可也。

順頌　目祉

附清單

堂銜

英使函派生前往香港天文臺學習事茲譯送港督來咨所稱各情形並請將抵港日期示知由

日期：宣統 2 年 1 月 16 日（1910 年 2 月 25 日）

逕復者：

東沙島設無線電事，宣統元年十一月十日接准來函，以「擬派學生五名前往香港天文臺學習天文氣候」，當經轉行香港去後，茲據香港總督咨稱：「中國所派學生願於何時前來，可聽其便。想伊等必已於無線電學曾經涉

及，果爾則六個星期足能導知氣候及風雨各學，並於風
暴之起伏。專能教授其天文臺之上課，每日必須五、六
點鐘之時。所有詳細情形俟伊等到港時，即可定擬，且
伊等到港時，如願華民政務司代賃寓所，即可預為租
定，倘該五學生未曾涉及無線電學，不如先赴廣東華政
府已設立無線電處練習，蓋香港天文臺於無線電學未便
導引也。」各等因前來。本大臣據此，除將來咨譯送貴
親王查照外，合請將該學生五名何日可抵香港之處早為
示之，可也。

此布　順頌

爵祺

朱爾典　啟

正月十六日

郵傳部咨東沙島有否風雨機器候咨詢粵督再行知照由

日期：宣統 2 年 6 月 9 日（1910 年 7 月 15 日）

郵傳部為咨呈事。電政司案呈，准咨開：「宣統二年六
月初一日，准英麻署使函稱：『東沙島安設無線電派生
赴港學習氣候一事，茲准港都咨稱所派學生五名現於氣
候之學已有心得，足資敷用，於本月十二日畢業。』並
云：『未悉東沙島是否已有此項風雨機器，如尚未有即
須從速購置，若能將此項機器送至香港天文臺查驗，尤
為美善』等因，咨行查照前來。」查東沙島是否已有此
項風雨機器，應候咨行兩廣總督察明復到，再行知照；
相應咨行貴部查照，可也。

須至咨者

右咨呈

外務部

英使致外務部節略擬在中國南方海岸另立天文臺事

日期：宣統 2 年 11 月 5 日（1910 年 12 月 6 日）

節略

設立天文臺及安設無線電在大東沙島，若於驟起狂風時，能預知華海南境風暴之起，裨益殊深，且係保護來往華南沿海各船之道一事，曾經本大臣於上年十月初七日，備具節略送至貴部。貴部旋於十月十三日接准節略：「以咨行郵傳部核辦，並咨粵省迅速籌辦，等因。」各在案。嗣經郵傳部遣派於無線電學已有門徑之學生五名赴香港天文臺執事，該生等已於五月十二日畢業，經麻署大臣於五月三十日函達貴部，函內並以大東沙島所應用之此項風雨機器即須從速置備，若能將此項機器送至香港天文臺查驗，尤為美善等因，相告此案。嗣經駐粵總領事代香港政府迭次函致粵督，迨九月二十九日始接粵督復函，以「大東沙島建設無線電一事，擬暫緩辦法云云」。港都聞信之下詫惜殊深，蓋未料貴國政府不按聲明允許安設無線電天文臺，以便廣州及香港天文臺總辦備具說帖，瀝陳在華南沿海驟起狂風之時應用法，免有不及預防之慮。本大臣現將該說帖譯妥，附呈省覽，深望貴政府一聞此等新論，則知此事關係甚重，從速設法在東沙島建設無線電及天文臺，以踐

所許之言也。

十一月初四日

Memorandum

PEKING

December 5th, 1910

On November 19 last year, Sir John Jordon addressed a memorandum to the Wai Wu Pu suggesting that the Institution of an observation station with a Wireless Telegraph Installation on Pratas Island would be of great advantage during the typhoon season for the forecasting of storms in the southern portions of the China Sea, and a protection to all shipping frequenting the Southern Coasts of China.

In the Board's reply of November 25, 1909, it was stated that the matter had been referred to the consideration of the Board of Communications and that the Liang Kuang Viceroy had been instructed to make the necessary arrangements without delay.

Subsequently five Chinese students, who possessed a knowledge of wireless telegraphy, were sent to Hongkong Obseravtory by the Chinese Government to study meteorology with a view to their forming part of the wireless station on the Pratas Islands. The attendance of these Students at the Obseravtory ceased on June 18th last, and the Wai Wu Pu were informed accordingly in a letter from Mr. Max Muller of July 6th, in which he suggested that steps should be taken to provide meteorological instruments to the Pratas Islands and that it would be useful if they could be sent to the Hongkong Observatory for verification.

Since that date His Majesty's Consul General at Canton has on behalf of the Hongkong Government addressed several letters to the Viceroy of Canton on this subject and on October 31st he received a letter from the Viceroy stating that it was not proposed, for the time being, to take any steps powards the erection of a wireless station on the Pratas Islands.

The receipt of this letter has caused the Governer of Hongkong much surprise and disappointment, for he had not contemplated that the Chinese Government were not ready to observe the defnite pledge given by them to construct this wireless station, which would be of immense advantage not only to Hongkong but to the whole sea coast of Kuangtung Province.

In this connection Sir John Jordan has the honour to enclose translation of a memorandum prepared by the Director of the Hongkong Observatory on the subject of measures which should be taken on the South China coast to guard against being surprised by typhoon, and he must expess the hope that, with this additional information in their possession, the Chinese Government will realise the importances of the question and take steps at once to construct the wireless station on the Pratas Islands in accordance with their promise.

Memorandum suggesting has founding of some additional meteorological reporting station on the S. coast of China.

擬在中國南方海岸另立數臺以備報知風雨各情說帖

中國南方海岸每年被颶風重害，此項變故起滅如何，可早查得確情之緊要，不能言過其實，海邊一帶損傷人命、財產有時甚夥，且中國漁戶及商人在此海路執業恆受至苦。目下所有天文氣象得以論斷知將來如何，所立之臺實不敷用，余謹提議數策，如果照行，即能增益學識，知此項颶風之鼓動，則整頓警戒，巨害之侵可減大半。考察天文情形之臺，余並早經聲明必須多立，非中國政府出力襄助，自鮮能獲益。中政府已允在大東沙島設立，備有無線電機器之氣候臺，並籌辦由彼轉報香港所察之氣候情形，與所擬之策甚有裨益，惟竊謂海岸另有他處能以察考情形，亦有利益又可增益，能備早誠此次變故。將來所謂各處如下一遮浪角在香港、汕頭之間，目下在此設立燈塔，一海口所在海南島北方，一榆林港在海南島南方。現在由海口所將所考之情每日兩次發電，惟電報遲慢至香港已逾時刻，與斷就氣象未獲實用。所考之情形原為斷就氣候，總以速快轉發為莫大之緊要，且素備狂風之國，旱陸電線常有不通之虞，是以，在以上所提各處陸線通達或難籌辦，即莫若設立無線電器。此次通達之法，除速報本臺氣候之情形外，與

中國政府自另有裨益。所備考察氣候情形之器，須用無多要件，即係上好之風雨表與風標共價數鎊。一設此局，即由此逡發誠誥，如有惡氣之險，即懸掛易識之標，以宣天變將來之信。現在本臺勸誠福州、廈門、汕頭、廣州、梧州府、海口所、北海各處即能整頓斷就，與以上所提各處及香港、澳門，並法國之越南均有裨益。以上所提各處之間在海岸上，或離海相近之處，本臺不能直報，乃中國大臺，接有香港所發之電，或以電線，或以他法，諒能籌辦勸誠。漁戶居住之處，譬如本臺電知廣州府汕頭轉告海岸各處知電報字樣如下，告港、汕之間海岸各處將起巨風等語；及接有此信各處懸掛通告惡氣之標，一律轉知他處。中國政府若肯照行襄助，在以上所提各處設立報知之臺，即能早先詳係報知颶風將來，並此項危險之變故，每年之人物損害均可減去大半也。

The South coast of China is annually subjected to the ravages of typhoons and the importantance of obtaining early information as to the movements of these disturbances cannot be exaggerated. The loss of life and destruction of property along the seaboard is sometimes enormous, and Chinese fishermen and traders playing their calling in these waters are frequently the greatest sufferers.

At present the stations from which we receive data on which forecasts of the weather can be based are quite insufficient, and I therefore offer a few suggestions, which , if carried out, would furnish the means of greatly adding to our knowledge of the movements of these destructive storms, and hence by proving the warnings, mitigate to a great extent their disastrous effects.

I have already painted out the need of more observing stations, but naturally little can be done in this respect without the cooperation of the Chinese Government.

The Government has already promised to erect an observing station equired with wireless telegraph apparatus at Pratas Island, and to arrange for the transmission of meteorological observations from thence to Hongkong. This will be most valuable for the object in view, but I would point out that there are some other places on the coast from which observations would also prove valuable and add still further to our ability to give timely warning of the approach of these disturbance.

The places referred to are Chelang Point on the coast between Hongkong and Swatow, where a lighthouse is now being erected, Hoihow in Northern Hainan and Yu-ling-kang in Southern Hainan. From Hoihow observations are already despatched twice daily but owing to delay in telegraphic transmission they are received here too late to be of any value for forecasting purpose.

The prompt transmission of observation furnishing data on which forecasts of the weather can be based is of the utmost importance, and owing to interruptions which frequently occur on land telegraph lines in storm-ridden countries, it would be preferable to install wireless apparatus at the points named, particularly as it might not be possible to arrnge for communicatiom by land lines. Such means of communication would of course be valuable to the Chinese Government apart from its use in promptly transmitting meteorological observations to this Observatory.

As regards the apparatus necessary for the observations very little is required. The essentials are a good barometer and a wind-vane costing a few pounds.

Warnings would of course be sent from here to the wireless stations direct, and a simple signal indicating the approach of bad weather could be hoisted at these stations when danger threatened. To Foochow, Amoy, Swatow, Canton, Wuchow, Hoihow and Pakhoi we already send warnings, and these places would naturally benefit by any improvements in the forecasts, as would also Hongkong, Macau, and the French Tongking.

Towns on or near the coast between the places named could not be warned by us direct, but the Chinese authorities might be also to arrange for the warning of the chief fishing centres by telegraph or other means on receipt of the necessary advice from Hongkong. For instance a message in the following terms might be forwarded from here to Canton or Swatow for distribution to the coast: "Warn coast between Hongkong and Swatow typhoon threating", when a signal indicating bad weather might be hoisted at the places receiving the notics and similarly to other districts.

Could the Chinese Government be induced to cooperation in this matter by founding reporting stations at the points named, earlier and more definite information of the approach of storms could be given, and the annual toll in lives and property exacted by these dangerous disturbance be materially lessened.

F. G. Figg

3.10.10

外務部咨東沙島安設無線電深望從速建設抄錄節略說帖核復由

日期：宣統 2 年 11 月 9 日（1910 年 12 月 10 日）

考工司

呈為咨行事。宣統二年十一月初五日，准英朱使節略內開：「大東沙島建設無線電一事，接粵督復函擬暫還辦，港都詫惜殊深，蓋未料貴國政府不按聲明，允許安設無線電臺之語而行，現香港天文臺總辦備具說帖，附呈省覽；深望從速設法建設，以踐所許之言等因；並附送說帖前來。」查東沙島安設無線電，前准英使函詢該島是否已有此項風雨機器，咨准貴部復稱：「應後咨行兩廣總督查明復到，再行知照。」茲准前因。相應抄錄節略說帖，咨行貴部查照核復，以憑傳復該使，可也。

須至咨者

郵傳部

郵傳部咨東沙島設立無線電事俟粤督咨復再行奉達由

日期：宣統 2 年 11 月 16 日（1910 年 12 月 17 日）

郵傳部為咨呈事。電政司案呈，接准咨開：「准英朱使節略內開：『大東沙島建設無線電一事，接粤省復函擬暫緩辦，港都詫惜殊深，現香港天文臺總辦備具說帖，附呈省覽等因。』查東沙島安設無線電，前准英使函詢該島是否已有此項風雨機器，咨准復稱：『應咨行兩廣總督查明復到，再行知照。』茲准前因。相應抄錄節略說帖，咨行查照核復。」等因前來。查東沙島曾否設立無線電，尚未准兩廣總督茲復到部。茲准前因。除咨行兩廣總督查核見復外，相應咨呈貴部查照，可也。

須至咨呈者

右咨呈

外務部

英使函大東沙島設無線電案請示復由

日期：宣統 2 年 12 月 6 日（1911 年 1 月 6 日）

逕啟者：

廣東大東沙島安設無線電，粤督擬暫緩辦，深望設法建立以踐前言一案，曾於本年十一月初四日備呈節略，各在案。迄今未准復音，殊深焦盼，敢請貴部查核示復，為荷。

此頌　鈞祺

朱爾典啟

十二月初六日

外務部電東沙島設無線電事

日期：宣統 2 年 12 月 9 日（1911 年 1 月 9 日）

宣統二年十二月初九，發粵督電東沙島設無線電事，前接英使節略，以粵省擬暫緩辦，港督詫惜殊深，並附送說帖備覽，已由郵部轉咨尊處在案。茲該使迭次催函並面稱：「此事關繫航業甚大，聞該省將作罷，論不知確否等語。」英使於此事頗為注重，能否舉行，希酌核速復。

外佳

外務部電東沙島設無線電事擬備款四百餘鎊充設備用

日期：宣統 2 年 12 月 11 日（1911 年 1 月 11 日）

宣統二年十二月十一日，發粵電稱：「東沙島設無線電事，佳電計達。」頃又准英使面稱：「收回該島時，本大臣亦與有力，現只費四百餘鎊，航海均可利便，務請主持實行等語。」此事有利航業，所費無多，且為收回後應有之布置，似應照准舉辦，希速核電復。

外

粵督電東沙島設立無線電機事歸郵傳部辦理

日期：宣統 2 年 12 月 12 日（1911 年 1 月 12 日）

宣統二年十二月十二日，收署粵督電稱：「東沙島設立無線電事，前由水師提督與各洋行議價訂購。嗣據藩司詳稱：『現在辦理追加預算，款項不敷，此等電機價逾鉅萬，實無款可列支。』經與監理官商酌，擬從緩辦等

語。」查粵省庫儲支絀，籌款維艱係屬實情，惟東沙島
甫由日商收回，與中國領海權極有關係。該島設立無線
電機，傳遞風信，英使屬請大部辦理，似甚注意此時若
不由我建設，難保外人不藉口保護航業，別生枝節。現
查各省官電局業經郵傳部奏明歸併部辦理，以收電政統
一之效，祈鈞裁示復。

嗚岐
真

外務部函東沙島設無線電事從速核辦由

日期：宣統 2 年 12 月 14 日（1911 年 1 月 14 日）

函郵傳部

敬啟者：

粵省東沙島擬設無線電事，來咨具悉。嗣英使迭次函
催，並謂該島收回之時，該使亦與有力，此事只費嗣
四百餘鎊，於航業關係甚鉅，粵省擬從緩辦，殊為可
惜，務請中國政府主持實行等語。當經本部逐電粵省核
辦，咨准該督電稱：「粵省庫儲支絀，籌款維艱，惟該
島甫向日商收回，與中國領海權益有關係，英使屢請辦
理，若不由我建設，難保外人不藉口保護航業，別生枝
節。現各省官電局業經郵傳部奏明歸併部辦東沙島事。
擬請一律由部辦理，以電政統一之效。」等情。查此事
前經與應使商定，遣派學生至香港學習，原期裨益中外
航業，且所費無多，亦為收回該島候應有之佈置。英使
既屢次來部催請，深以為遷延不辦為言，粵督又以籌款
為難請由貴部辦理，此事似難中止，即希臺端主持，從

速舉辦，仍候卓裁核復為盼。

專泐　即頌

勛綏

堂銜

郵傳部函復東沙島擬設無線電事已飭電政局妥籌辦理

日期：宣統 2 年 12 月 19 日（1911 年 1 月 19 日）

敬復者：

接准函開：「以粵省東沙島擬設無線電事，粵督以籌款為難，請由部辦，等因。」查此事昨准粵督來電，語意相同，業由本部札飭電政局妥籌辦理。除俟定有設立日期，再行函達外，先泐復。

並頌　勛綏

盛宣懷、吳郁生　頓首

十二月十九日

外務部致英使東沙設立無線電事已飭電政局妥籌辦理由

日期：宣統 2 年 12 月 21 日（1911 年 1 月 21 日）

致英朱使信

逕復者：

東沙島擬設無線電事，前准節略內開：「請從速設立，等因。」當經本部函致郵傳部去後，茲准復稱：「業由本部札飭電政局妥籌辦理，等語。」相應函復貴大臣查照轉達，可也。

順頌　日祉

堂銜

宣統二年十二月

海軍部咨據局長許繼祥呈報派員帶領英員勘明東沙島情形錄送原呈等件請查照備案由

日期：民國 13 年 8 月 2 日（1924 年 8 月 2 日）

收海軍部咨

海軍部為咨行事。據本部所屬海道測量局局長兼全國海岸巡防處處長許繼祥呈報：「派員帶領英員勘測東沙島情形，附呈島圖景片，請鑒核轉咨。」等情；除分咨外，相應抄錄原呈並圖一幅、景片一冊，咨請查照備案。

此咨

附抄呈暨圖一幅、景片一冊

抄海道測量局局長兼辦全國海岸巡防處來呈十三年七月廿一日到

呈為謹將派員帶領英員勘測東沙島情形，詳細申報並附呈島圖、景片，仰祈鈞座轉咨事。竊東沙島並香港南偏東五十六度，按海圖方位東經一百十六度四十三分、北緯二十四度四十二分。該島孤懸海外，與大陸相隔，其最近在為香港計百六十二海里。該島之屬於何國版圖，按照萬國之法，以島中原居之人係何國籍為明。宣統二年，有人報告廣東官吏謂該島素為中國漁夫發苗之地，尚有廟宇內供佛像並立牌祀為憑。嗣及日人西澤籌侵入

豎立明治四十年木樁搬運燐質地上，並以新式漁船具擾
我環島領海之產，請為禁阻。當經粵省派員履勘，提出
交涉之認該島實屬中國領土，而日本人已在島中建築碼
頭、鐵道口及廠屋當經粵省擔認二十萬金資遣日人離去
是島，並派員駐紮看守在案。上年七月十三日，職局奉
鈞部第七四號訓令內開：「准稅務處蔡會辦函轉據駐京
英國公使參贊郝播德發函：『關於香港總商會提議在東
沙島設立無線電氣候測驗臺及其籌款管理辦法，請查核
具復』等因，並附抄件到部。除函復外，合亟照抄原函
並附件及本所函稿，令仰該局長即便遵照辦理可也。此
令。」等因；奉此，查該島於前清宣統二年收回，及曾
於三年春間經海關巡工司額德志前往該島測量繪圖，據
稱：「該島情形險惡，非人類所能生存，能否設臺頗屬
疑問。」向職局以事隔十係年，情形容有不同，應即派
員前往，再經察勘現狀，以憑取決。但時交夏末，正值
是處颶風當令之時，祇可暫緩並以測候職務；應與各處
觀象臺會洽技術事件。該島設臺報警與香港觀象臺最有
關係，擬先商香港政府於該臺蓋成之後，若遇我海軍因
事不能依期派船轉運供給之時，尤彼隨時相助為理。當
於本年四月二十日，呈請鈞部核示。四月三十日奉准
「如擬辦理。」等因在案。即由海關總稅務司安格聯代
為居間接洽，而香港政府亦以該島究竟為何情形，亦擬
派船視往察勘，職局當以島屬本國領土，應由我海軍派
員帶領，以明權限。隨於上月經英政府轉由海關通知擬
派英海軍炮艦密納蘭號前往，職局長即委派海軍中校江
寶容、技術主任方肇融同赴香港，帶領測勘，業經電陳

在案。茲據江寶容等呈稱：「竊寶容、肇融奉派前往香港乘坐英國海軍軍艦密納蘭號隨同香港政府委員同往測勘東沙島地勢，預備建設無線電報警臺。遵即於六月二十一日乘坐亞洲皇后號輪船由滬啟行，二十三日到港，九龍關稅務司（Wade）親來迎接，備承優待。二十四日即由其領謁港督政務廳長、英海軍代將籌交。二十五日偕同服務香港政府之工程師三員，乘坐英艦密納蘭號於午刻出發。二十六日晨八點鐘行抵東沙，拋錨之處離島一英海里半，水深十二托，即用汽船拖帶舢舨一同登陸詳細察看，瞥見島中有日本人及臺灣人，共約三十名，係捕魚為業，並有日本漁船一艘，詢據聲稱，「七月之交，颶風當令，海風吹浪衝入島面，勢難捕魚，是以於六月將盡，即相序離去等語。」寶容查是島於前清宣統二年，海軍軍艦海籌、飛鷹、廣東巡艦伏波、寶璧先後到此巡視，有報告：「三年一月至四月復經海關巡工司額德志經手測量，匯有海圖，並報告：『地多砂磷燐質，水中含毒，不毛之地，不宜居人』。」其時寶容適至粵省服務軍艦，並有英人哈蒙（Harmond）談及該島，據稱：「彼員親至是島實地考察。」並出示所映該島景片多張，視審其中有輕便軌道，島之南面並設古碼頭一處，島中房屋多、橡樹四株、古廟一座，內供菩薩十餘尊，依然尚在，廟中碑記係求港務順利；所造鐵道已為烏有，僅存敷設之軌跡，尚足辨認；椰樹四株皆已長成，且有小樹無數，海邊則有儀器之電燈、慶泡。今昔情形大有變遷，並有水井眼，水色清而味少鹹，詢係十年以前所鑿，該日人籌資

為飲料，不知不宜居人之說，在昔因為實情，在今或非確證矣。肇駛奉令查勘該島地質及建臺工程，經留心考察該島，地多燐酸灰質（Phosphorite）。前清時，日人在此設廠，經受開採質，當能獲利。此次為英員用鑽錐入地中，以該地質確見錐至八尺均有燐酸鹽質，加以檢驗得燐質（Ca$_3$(Po$_4$)$_2$）、沙（SiO$_2$）、炭酸（CO$_2$）、鋁（Al$_2$O$_3$）、鎂（Mg$_2$）、水（H$_2$O）各質。迨錐至十八尺地，與海面相平之處，則極不能入，惜錐入是處不能拔出，故無法得八尺以下混合物之化驗。愚見在十八尺以上之地，當係螺殼及燐質，至十八尺以下與海水相齊，為炭酸灰質矣（Calcium carbonate）。查是項燐質實為鳥糞之酸質，與地中灰質（guano and calcium carbonate）結合化成。十八尺以下為當時水漲所沒，鳥不能棲，鳥糞酸質（合灰質而化為燐）而為完全灰質。此項燐質滲入清水，雖不融化，而其中有一部分頓質為水所化，動物飲之有害，而樹木得此燐質偏可助其滋長。現在樹木既多，自是以吸收是項頓質之燐，而有餘。肇融當時將井水略施化驗，似此較毒之質，呈以妨害動物，復將水帶滬並行化驗，所含各質計得溶化堅質一二七分，暫時存備之堅質三一分、永送存備之堅質一零分，氯五零五分（以上均為十萬分之比例）。查以上淶氣鹽及溶化堅質成分雖稍高，惟淶氣鹽祇蝕水，使水微帶鹹疎，不至妨害衛生。其溶化堅質暫時存備之一部份可用煮沸，或簡單化學法使之沉澱，若再加以通慮水法，則各質均可除去以充飲料，便可無慮，是昔此飲料，今有淨水，殆為額巡工司囊時，所以謂不宜居人。

而日本人今得此悉之緣由，欲至於水中微生物阿摩尼亞及硝酸鹽之化驗。按法當在二十四小時內施行，否則須裝至冰箱，方蝕耐久不變，惜此種化驗當時甚多，且所帶器件未全致，難就地實驗，迨將水帶至上海，遷延日久又無冰箱隨時藏貯，故不得精確之驗明。又察該島泥土中含有爬蟲，空氣中發現蠅蚋，此種蟲類純係鳥糞未經化學變質所發生，若能將地面鳥糞剷除，則此虫自可絕藏於人類衛生，尤多裨益。又查日本人於捕魚之外，且兼採海菜、拾螺殼，裝織回國，海菜可為藥品大宗，螺殼則為製鈕之原料。茲映成景片，第一幀，為英艦密納蘭號，由香港前往東沙之圖；第二幀，係遙見該島之圖；第三圖，即日人自稱為經理人，名石丸，並在島督率工人斂聚螺殼之形；第四圖，係曬製螺肉及日本工人四名；第五圖，為日人曬乾海菜之狀，並賃倉一間；第六圖，則捆包待運情形；第七幀，為日船運貨出口之圖；第八幀，係古廟沒在叢蕪之圖。第九圖，係島中樹木暢茂之形狀；第十圖，即係肇融正在椰樹之前化驗井水，及英國工程師所籌參觀之情惜；第十一圖，密納蘭艦長於各船員由東沙島回艦時，前致向訊圖；第十二圖，九龍關韋稅務司送行圖。查十餘年前，粵省派員接收該島所考察之情行，與目下現狀迥不相同，茲附該島十餘年前之攝影如下：第一圖，前清特派接收東沙島委員林國祥、吳敬榮、王仁棠；第二圖，委員林國祥登東沙島北岸之圖；第三圖，日人所樹明治四十年木樁；第四圖，日人所樹西羣島木樁；第五圖，日人在東沙島開採燐質並珊瑚，中有輕便鐵道；第六圖，日本工人之住

宅；第七圖，日人製燐工廠；第八圖，日人所築之碼
頭；第九圖，日人製冰之機；第十圖，日人由他處運往
該島作建築用之石塊。第十一圖，日人所捕龜類，畜在
水池中之圖；第十二圖，中國漁船在該島附近捕魚。肇
融愚見，以為該島面積圖計算約一千七百餘畝之大，其
最高堪以建屋之處，經於是日一時，測量水平距離，最
高潮之水面約十六尺（另附島圖以資參考），若將電臺
設立是處，自可免海浪滃激之虞，並有低樹參差約高九
尺，密護成欄，堪資抵禦烈風，地基不虞搖動。電臺建
築款式宜用兩層，以下層安置機器，上層居住職員。一
則平造單層，需屋既多，填築基址以及舖蓋屋頂費較
巨，二則下層環列低樹，空氣寒，於居人、衛生不宜；
至電桿則木質，斷不合用。上年七月，香港（地處九
龍）電臺有鐵桿兩枝，在鐵基鉗用二十四個螺釘，計
三十方寸鋼住，均為颶風所剪裂，推斷僅可知該島設臺
宜用堅固鐵桿，以防危險。查該處現有住屋，可資堆放
機件、磚料之需，正可及早舉辦運輸預備與建築。至颶
風關係，只須有收電機器知照風警即■是慮，亟宜趁此
先設一收電機，遇風即可先時知覺，預為防避，且有曾
經鋪設鐵道，更可循其轍跡，敷設輕便鐵道，以利轉
運。所有奉查東沙島各節情形，理合會同具文，呈報並
附該島放水略圖及景片，伏乞鑒核，等情；據此，查東
沙一島，前清廣東疆吏不惜鉅資遣散日人西澤等，離出
該島成案俱在。今又有日人私至該島，擅用我建築之
物，而島係我領土，環島三英里範圍即係我領海，何得
任其在此打撈海產，攘我天烈之利。今據江中校寶容等

報告：「瞥見島中有多數電燈、慶泡，並有日本漁船停泊島邊裝運海產多件。又雖係該日人非用電光附網捕魚，此種漁具張亦於傍岸淺水之間，魚、龜將會絕類。至殼類之魚生長海濱，按照各國通例尤屬專利之產，外人漁船越界捕魚，其本國法律對此國際上桿外，利己之事實必會懲罰之規定。迫其侵越之後，提出交涉，絕非空談，法理在所可奏效。查領海界線，前經府院、部、處組會議定，並由鈞部飭令職局查照議案，按圖劃線，呈奉大總統批准在案。事關漁律，擬應由農商部就領海界線、經緯度所在之處，援照各國保護漁利通例酌量擴充，通知沿海各省並諭禁他國越界捕魚，經此明文規定之後，本國軍警艦船得於漁訊之時巡行界線，執行禁阻。擬請鈞部咨行農商部核辦，以保漁利。再東沙設立無線電臺預報風警，前經稅務處轉英使來函，以「颶風角度常跨該島，經過其路徑、速率、方向、力度，屆時由該島警告特報。所有香港、珠江等處港澳等以先事預防，並稱事關萬國航海公安，中國因經濟困難未能即辦，請由香港政府出資代設」等語，主權關係至鉅。經蒙鈞部函復：「應由中國政府自辦在案。」查是島設立無線電臺警臺須與小呂宋、上海、臺灣等處互通測候消息，日間發射之力須能達七百英里以上，方為適用。英使後所陳颶風關係各節夷考風暴記載，該島確應設臺係報以重民命。再該島最高之地通海面甚低，天陰固難遇見，即於天朗之際有時水氣蒸騰，日光閃映，該島在烟霧之中忽出忽沒，若隱若現，夜間更難瞥見。今與航海在言及東沙幾為談虎色變，但輪船航線雖都遠避，而民

船航行藉求方向，方且以此島確定目標遠近，島水復較淺，南海峽底係珊瑚，雜以白沙小灘；北海峽底，則白沙而雜以珊瑚小灘；礁瑚之底，則為黑色，係沙為海帶所蓋，而雜以珊瑚，以致民船時常在此沉沒。海盜正利用地勢盤踞剽掠，貽害會窮，亟應併設燈塔一座，以策公安。事關建設電臺、燈塔，係屬交通部職掌。擬請鈞部咨商交通部，即行建設日及維持電臺、燈塔經費，以及派員服務、派船運送供給等項，均在民船工鈔項下支撥，並由全國海岸巡防處擔負保險，以重航政而固海權；再此事關係國際，擬應一併咨行外交部查照備案。所有查照東沙島情形，擬設電臺、燈塔緣由。是否有當，理合據情具文並附島圖、景片，呈請鑒核，轉咨施行，實為公便。

謹呈

　　　　　　　　　　　　　　　　　　　　海軍總長

海軍部咨東沙島訂購德律風根電機實無違背合同請查照轉達英使由

日期：民國 14 年 4 月 16 日（1925 年 4 月 16 日）

海軍部為咨復事。准貴部二月十四日咨開：「准英麻使照會稱：『據馬可尼無線電報公司駐經代表報告，中國海道測量局與某洋行商訂購德製之無線電臺一具於東沙島裝置，實屬違背一九一九年中國政府與馬可尼公司訂立合同內第六條之規定，特照會聲明抗議，並請此次及將來何時務行尊重該本國公司依照合同應享之權利，等因』。相應抄錄照會英文原文，咨行查照核復，以憑轉

達，等因。」並附件到部。經令據海道測量局局長許繼
祥復稱：「查中華無線電公司前於民國十二年七月十日
函開：『火花式機件內無蓄電池，應價一千二百七十
鎊，與德律風根所開同式機價連同蓄電池，及另有配件
在內，計華幣一萬二千五百元。』相較已廉，更以電力
兩論相比，又小一半，通信距離尤為不及現訂購德律風
根。此種電機實無違背中華電信公司合同第六條之規
定。理合具復。」等情；相應據情，復請查照轉達，
可也。

此咨

外交總長

　　　　　　　　　　　　　　海軍總長　林建章

海軍部咨東沙島遣離日人一事請人轉達日使嗣後無論何國等非經中政府允許不得前往該島以杜侵越而保主權由

日期：民國 14 年 5 月 21 日（1925 年 5 月 21 日）

收海軍部咨

為咨行事。查關於全國海岸巡防處處長許繼祥前呈東沙
島建設電臺有關外交、內政，謹陳辦法一案，當經據情
咨請貴部查照在案。咨復據該處長呈稱：「竊奉蒸電
開：『東沙島應遣離日人一事，已呈府備案並咨外交部
查照，並由甘露艦員執行。』等因；奉此，遵即電令
甘露艦艦長江寶容遵照去後，茲復呈：『職艦於本月
二十四日開抵東沙島，當即指派艦員前往調查，據稱在
該島事漁業者計有日人五十六名、臺人十名。公司設在

臺灣高雄港町二一五番地，名曰高雄海產商會，代表者為日人石丸莊助，住日本東京山口縣大島郡沖家室。每年三月來島尋取海仁草及其他海產物運往臺灣基隆等處，至六月始歸，置有長約百餘尺之汽船三艘，於大正七年來島，迄今已歷八載，在島北道近海處建有木屋數幢，以備儲存糧食並為漁人居處之用，屋之南約半里許有方井一口，可供百人之需，水質雖不清潔，蓋已為島中所僅有矣。二十五日復派人前往出示布告，並尋得該代表人石丸莊助者，告以建臺要公，業經察勘地點並測量港道，剋日興工，從事建築。凡有前住是島者，均准限至四月底止一律離島，勿得停留，等情；已得該代表人同意，允與公司相商後即行離島，為期約在本六月間，窺其語意似無久據之心，惟是日人在彼經營已有年所，根蒂頗深。歷來赴島者人數當不止此，誠恐此去彼來，肅清難望，況以海外孤礁饒於天產，國人素乏過問，欲求他人之不覬覦者，是或事理之所，無以管見窺之。島週多珊石，既不能以軍艦在彼駐防，欲求嗣後日人之不往，自以從速建臺為惟一之要務。一面再由鈞局呈請海軍部，咨外交部行文交涉，禁彼將來不得再來島。』等情。查該艦長所陳詢為根本辦法。理合據情，仰懇轉咨外交部查照辦理。」等情；相應據情，咨請查照，務希轉達日使嗣後無論何國人等非經中國政府允許，不得任意前往該島，以杜侵越而保主權，至紉公誼。

此咨

英代使照會東沙島裝置德購無線電臺事請復予審核俾使英商得享其合同權利由

日期：民國 14 年 5 月 22 日（1925 年 5 月 22 日）

照會

譯文

大英署理駐華全權大臣大使館參議白照會事，中國海道測量局訂購德製無線電臺在東沙島裝置，實違背一九一九年中國政府與馬可尼公司訂立合同內第六條之規定一事。准貴總長四月二十三日來文內引海軍部咨送測量局呈稱：「該德律風根之機較中華無線電公司者價廉力大，是以實無違背合同第六條之規定，等因。」閱悉一切，並經轉知馬可尼公司核復去後，茲據該公司代表聲稱：「查德律風根之機僅能得至五百五十英里，而中華無線電公司者則及七百五十英里，是則德律風根電力實不及中華公司電力之大明，甚且德律風根之價為美金一萬二千五百元，較之中華公司所開美金一萬一千七百五十元之價更為昂貴。況中華公司所開價值，實有蓄電池在內，測量局所稱未免失於實情，而中華公司之蓄電池較之得律風根電量更為強大也。更稱該電臺投標，中華公司始終未承，招致該公司所投之標只係於與德律風根開始商洽之後，方始投入云云。據此，以觀似係中國政府該管機關所得關於此事之報告，未免有失翔實。而中華公司所投之貨較之他商，既非物劣價昂，則此次與該德商訂購明係違犯一九一九年五月二十四日之合同，應請貴總長將此事復予審核，俾使此次及將來英商得享其合同權利，可也。

須至照會者

右照會

大中華民國外交總長沈

稅務處咨英使擬請在東沙島設立無線電氣候測驗臺抄送原函請查照酌核辦理並見復由

日期：民國 14 年 10 月 15 日（1925 年 10 月 15 日）

逕啟者：

頃接英使館參贊郝播德來函：「大致以香港總商會現時提議，在距香港英里一百七十里之小島或係沙灘地，名東沙，設立無線電氣候測驗臺，庶於颶風之警告及氣候之報告，可獲裨益。惟東沙島係中國領土，是以香港政府囑本使館為非正式之探詢，是否中國政府有自行設立無線電臺之希望，倘有籌款不易之困難，則擬取得中國政府同意，由香港政府出款建築在該東沙島設立無線電氣候測驗臺；至其管理及歲修等項，則由中國海關為中國政府經理及出款，此項擬議中國政府能否允諾。」等情；特先函詢，如承轉行探詢，更望閣下加以考慮，俾可早日示復，並聲明此函係代英使繕發，各等因前來本處。查此事關係中國主權，究應如何籌辦之處，似應先由貴部會同主管各部、處預為商議。除分函外，相應照錄漢、英文原函函達貴部查照，酌核辦理並希見復，可也。

此致

外交總長

附抄件

照錄郝播德函

敬啟者：

香港總商會現時提議在距香港英里一百七十里之小島，或係沙灘，其英文名為Pratas Shoal，中文地名或為東沙之地方設立無線電氣候測驗臺。庶於颶風之警告及氣候之報告，現有辦法發達之要端，可獲極大之裨益。該東沙島因颶風危險之關係，其對於香港之地為最為重要，蓋該島適當颶風吹入中國海面多半經過之道路，且以該島距離香港遠近觀察之，若設立氣候測驗臺必能在颶風預起之時，預先可發及時之確實消息，則於香港及珠江口外往來船隻之一切生命、財產均有至大利益也。惟東沙島係中國領土，是以香港政府囑本使館為非正式之探詢，是否中國政府有自行設立無線電臺之希望，倘有籌款不易之困難，則擬取得中國政府同意由香港政府出款建築，在該東沙島設立無線電氣候測驗臺。至其管理及歲修等項，則由中國海關為中國政府經理及出款，此項擬議中國政府能否允諾，等情。查海關與貴處既似係對於此事為最有關係之機關，鄙意以為不如先行非正式函詢閣下，如承轉行探詢，更望閣下加以考慮，俾可早日示復，無任感謝。此事顯然與在香港及中國南部海岸各處之中、英或其他各國航業利益上關係極為重要，故若能早日進行，則大眾均受莫大之裨益也。再此函係代敝公使繕發，因敝公使須於星期日或星期一始能由滬旋京。合併陳明，又深恐或有需用漢文之處，茲特附送譯文一函，並希查收，為荷。

此頌　日綏

Britian Legation

Peking

June 16th 1925

My dear Admiral Tsai Ting Kan,

The Hongkong General Chamber of Commerce have put forward the suggestion that a wireless and weather reporting station might with great advantage be established on the Pratas Shoal (an islet or atoll situated some 170 miles Southeast of Hongkong and known, I believe, in Chinese as Tung Sha 東沙) in connection with the very important matter of improving the existing service of typhoon warning and weather reports, It appears that the Pratas Shoal occupies a most important position in relation to Hongkong as far as the danger from typhoons is concerned since it is right in the track of most of the typhoon entering the China seas and is at the same time at such a distance from Hongkong that an observing station there would be able to give timely and most reliable warning of the spproach of a typhoon to thevery great advantage to shipping and life and property generally at Hongkong and off the Canton river.

In view of the fact that the Pratas Shoal belongs to China, we have been asked by the Hongkong Government to ascertain informally what the prospects at an early date.

I am writing this letter (of which a Chinese transation is sttached in case it may be of use) on behalf of our Minster, who will not be back from Shanghai until Sunday or

Monday next.

Yours Sincerely

財政部咨東沙島設立無線電氣候測驗臺事擬請由交通部召集與有關係之部處派員妥議

日期：民國 14 年 10 月 19 日（1925 年 10 月 19 日）

逕啟者：

准稅務處函開：「准英使館函：『以香港總商會提議在距香港英里一百七十里之小島，或係沙灘地，名東沙，設立無線電氣候測驗臺，擬取得中國政府同意能否允諾，請轉詢示復，等因。』事關中國主權，究應如何籌辦，似應先由主管各部預為商議，函請查照酌復，等因。」到部。查東沙島係中國領土，前項無線電氣候測驗臺之建築與主權攸關，應如何辦理之處。擬請由交通部召集與有關係之部、處派員妥議，以便決定辦法。除原文、附件業准分別函致，不再抄轉並分函外，相應函達貴部查照。

此致

外交部

農商部咨東沙島設立無線電氣候測驗臺事似應由貴部會商交通部核辦由

日期：民國 14 年 10 月 27 日（1925 年 10 月 27 日）

農商部為咨行事。准稅務處函開：「頃接英使館參贊郝播德來函：『大致以香港總商會現時提議，在距香港英里一百七十里之小島或係沙灘地，名東沙，設立無線電

氣候測驗臺，庶於颶風之警告及氣候之報告，可獲裨
益。惟東沙島係中國領土，是以香港政府囑本使館為非
正式之探詢，是否中國政府有自行設立無線電臺之希
望，倘有籌款不易之困難，則擬取得中國政府同意，由
香港政府出款建築在該東沙島設立無線電氣候測驗臺；
至其管理及歲修等項，則由中國海關為中國政府經理及
出款，此項擬議中國政府能否允諾，等情。』特先函
詢，如承轉行探詢，更望閣下加以考慮，俾可早日示
復，並聲明此函係代英使繕發，各等因前來本處。查此
事關係中國主權，究應如何籌辦之處，似應先由貴部會
同主管各部、處預為商議。除分函外，函達查照，酌核
辦理並希見復。」等因。查東沙島係我國領土，香港政
府擬在該處設立無線電氣候測驗臺確與主權有關，究應
如何辦理之處，似應由貴部會商交通部核辦；相應咨請
查照辦理。

此咨

外交總長

農商次長代理部務　莫德惠

稅務處咨東沙島設立無線電氣候測驗臺事既經海軍部令飭海道測量局辦理就緒本處所擬會商一節現在擬非必要請酌核見復由

日期：民國 14 年 10 月 28 日（1925 年 10 月 28 日）

逕啟者：

案查香港東沙島設立無線電氣候測驗臺一事，前接英使
館參贊郝播德來函本處，以此事關係中國主權，究應如

何籌辦之處，似先由外交、內務、財政、海軍、交通、教育、農商各部會同主管部、處預為商議；照錄漢、英文原函分別函達查照，酌核辦理見復在案。嗣准財政部函復稱：「查東沙島係中國領土，前項無線電氣候測驗臺之建築與主權攸關，應如何辦理之處。擬請由交通部召集與有關係之部、處派員妥議，以便決定辦法。除分函外，應函復查照等因。」到處。正核辦間，復准海軍部函復：「以此案關於東沙島設立無線電觀測臺一事，前經檢閱海圖航線及歷來颶風曲度之記載，認為該處設臺報警確有需要之價值。此種事項係屬本部所轄，海道測量局之職掌範圍。所有籌款、建築、管理各項事宜均應由該局籌畫進行，令飭該局迅即遵照辦理。嗣據該局局長呈報調查情形，並稱：「現在仍有少數日人占住該島，應將該處日人遣離。」等情。當經據情呈請臨時執政鑒核備案，並將遣離日人經過情形，咨請外交部轉達日使，嗣後無論何國人等，非經中國政府允許不得任意前往該島，以杜侵越而保主權，等因。」各在案。本年六月復據該局局長呈稱：「建築東沙島電臺及裝配等工程現已著手次第進行，並已知照香港政府，期於本年九月造成等語，其所需經費經國務會議議決，由財政部分期檢發，亦在案准函前，因應函復：「即希查照轉達，等因。」前來本部。查核海軍部覆函所稱各節，是此案業已辦理就緒，本處前次函請會同主管部、處預為商議暨財政所擬請由交通部召集與有關係之部、處派員妥議，以便決定辦法一節，現在似皆非所必要。除分函外，相應函達查照，即希酌核見復，可也。

此致

外交總長

財政部咨東沙島設立無線電氣候測驗臺一事既由海軍部呈明執政並提經國務會議之決辦理所有前擬召集部處會議一節可毋庸置議函達查照由

日期：民國 14 年 11 月 2 日（1925 年 11 月 2 日）

逕啟者：

關於香港東沙島設立無線電氣候測驗臺一事，現准稅務處函稱：「准海軍部函復：『以此案關於東沙島設立無線電觀測臺一事，前經檢閱海圖航線及歷來颶風曲度之記載，認為該處設臺報警確有需要之價值。此種事項係屬本部所轄，海道測量局之職掌範圍。所有籌款、建築、管理各項事宜均應由該局籌畫進行，令飭該局迅即遵照辦理。』嗣據該局局長呈報調查情形，並稱：『現在仍有少數日人占住該島，應將該處日人遣離。』等情。當經據情呈請臨時執政鑒核備案，並將遣離日人經過情形咨請外交部轉達日使，嗣後無論何國人等，非經中國政府允許不得任意前往該島，以杜侵越而保主權，等因。」各在案。本年六月復據該局局長呈稱：「建築東沙島電臺及裝配等工程現已著手次第進行，並已知照香港政府，期於本年九月造成等語，其所需經費經國務會議議決：『由財政部分期檢發。』亦在案准函前，因應函復：『即希查照轉達，等因。』前來本部。查核海軍部覆函所稱各節，是此案業已辦理就緒，本處前次函

請會同主管部、處預為商議暨財政部所擬請由交通部召
集與有關係之部、處派員妥議，以便決定辦法一節，現
在似皆非所必要。除分函外，相應函達查照，即希酌核
見復，等因」到部。查此案既由海軍部呈明執政，並提
經國務會議議決辦理。所有本部前擬由交通部召集關係
部、處派員會議一節，自可毋庸置議。除原文業准分別
函致，不再抄送並分函外，相應函達貴部查照。

此致

交通部

（二）海軍部門

原案單位：海軍總部

典藏單位：國家發展委員會檔案管理局

海岸巡防處函東沙島設立無線電測候機關應用電機須與亞洲各處天文臺互通消息以憑傳報

日期：民國 13 年 8 月 30 日（1924 年 8 月 30 日）

逕啟者：

東沙島設立無線電測候機關應用電機，須與亞洲各處天文臺互通消息，以憑傳報。前經本處派員由香港乘坐英海軍軍艦，會同香港政府所派工程師，前往履勘報部在案。查該島孤懸海外，內無人居，設立測候機關、安置員役，必須有抵禦颶風之房屋。至運送料件、糧食至島，其原有碼頭、道路必須修整完固。一切設備約須洋拾萬元，茲經本處核實估計並附詳單，即希貴司核辦，為荷。

此致

軍務司

附漢英單共兩紙

全國海岸巡防處啟

建築東沙島無線電報警臺預算表

項目	預算
五啟羅劃脫收發電機全副	一萬七千二百兩
電桿（鋼條製成二百四十尺）二枚	九千五百兩
無線電方向器並無線燈塔	三千六百兩
電臺全座並職員、士兵辦公室、宿舍、廚房建築費	一萬八千兩

項目	預算
建築物轉運並電機雜件裝配費	七千兩
機件安設費	三千五百兩
普通器件裝配費（氣候測驗器、藥品外科手術品等項在內）	四千兩
製淡水、製冰機器裝配費	二千五百兩
碼頭	柒千五百兩
馬路（一英里）	一千兩百兩
臨時雜費	二千兩
	共七萬六千兩正

農商部咨復關於勘明東沙島各情形應請將海圖咨送過部以憑核辦

日期：民國 13 年 9 月 8 日（1924 年 9 月 8 日）

農商部為咨復事。八月三日准咨開：「據海道測量局局長兼全國海岸巡防處處長呈報刊明東沙島情形，附呈島圖景片。除分咨外，應錄原呈並圖片咨請查核辦理。」等因；並附件到部。查該局長所呈察勘各情至為詳盡。東沙島為我國領土，外人在環島領海以內採捕水產物，於國際法上尤為有合，據稱日本人聲稱每年十一月間到該島居住六月，率歸此層，應由本部咨請外交部先行據理交涉，至擬由本部就領海界線經、緯度援各國護漁通例酌量擴充，通知沿海各省並諭禁他國漁船越界捕魚各節，自為切要之論，惟劃清漁界應審慎周詳，根據確鑿公布後方生效力。查民國十年間貴部有海外委員會會議，該項筆錄業經本部詳閱，至關重要，該會閉會後經署海道測量局許局長繼祥呈有海圖十五幅暨畫定海界說略一件，如有印本希檢送一份以資參考，倘係密本本部自應嚴守秘密，閱後慎固封還，惟漁界、海界關係密切，極切本部酌訂漁界，須於詳閱海圖後咨請貴部會同

各關係衙門共同商酌，以免疏虞日人侵入東沙島捕魚暨開採燐質各情，與定界本非一事，既經察勘確實，應由本部提前咨商外交部迅與交涉。除分咨外。相應咨請貴總長查照。並希將海圖咨送過部，以憑核辦，至紉公誼。

此咨

海軍總長

農商總長顏惠慶

海道測量局呈購定東沙島測候臺電機照抄合同請備案

日期：民國 13 年 12 月 6 日（1924 年 12 月 6 日）

呈為購定東沙島測候臺電機，呈請鑒核備案事。竊職局於上年七月接奉鈞部第七四號訓令內開：「案准稅務處蔡會辦函，據英國公使館參贊郝播德函：『關於香港總商會提議在東沙島設立無線電氣候測驗臺，及其籌款管理辦法，請鑒核見復。』等因；並抄件到部。除函復外，合亟照抄原函，並附件及本部函稿，令仰該局長即便遵照辦理，可也。此令。」等因；奉此，職局長遵即悉心籌辦，歷將所擬計畫及辦理情形呈請鑒核。至設臺應須無線電，並蒙鈞部咨商交通部撥借，似以驗得該項電機不適於用。復由鈞部備文退還交通部，各在案。查東沙島測候臺原擬於明年初春初風訊平息之時，著手建設交通部舊存電機。既不適用，自應由職局從速另行購置。茲於十一月二十一日向上海西門子洋行購定一個半啟羅華特德律風根一副，計總價額一萬二千五百元，業

與該行訂立合同，分期付價。理合將購定無線電機緣
由，並抄錄合同一紙，呈請鑒核備案，實為公便。

謹呈

海軍總長

附抄合同一紙

　　　　　　　　　　海道測量局局長許繼祥

海軍部令據呈購定東沙島測候臺電機仰迅將英文合同抄呈備查

日期：民國 13 年 12 月 17 日（1924 年 12 月 17 日）

令海道測量局局長許繼祥

呈一件，為購定東沙島測候臺電機；附呈照抄合同一
紙，請鑒核備案由，呈並附漢文合同均悉；仰迅將應文
合同照抄一份呈報備查。此令。

海道測量局呈遵抄訂購無線電英文合同附呈鑒核備案

日期：民國 13 年 12 月 26 日（1924 年 12 月 26 日）

呈為遵抄訂購無線電英文合同附呈鑒核備案事。竊職局
前以東沙島設立測候臺，應需無線電機，業向上海西門
子洋行購定一個半啟羅華特德律風根一副。當經照抄所
訂合同，呈請鈞部鑒核在案。茲奉令開：「呈並附漢文
合同均悉。仰迅將英文合同照抄一份，呈部備查。此
令。」等因；奉此，查此次訂購電機，與該行所立合同
較上年在京所訂不但蓄電池加大，且加收長度電浪機一
副，又預備品全副。遵將英文合同照抄一份，具文附

呈，伏乞鑒核備案，實為公便。

謹呈

海軍總長

附抄英文合同一件

海道測量局局長許繼祥

照抄西門子公司合同

中華民國海軍部海道測量局（下文稱測量局），與德律風根東亞無線電報公司之代表上海西門子廠（下文稱德律風根公司）為訂立合同事。今因購買一個半TK式無線電臺一全副，於一千九百二十四年十一月二十一日雙方訂立合同條件，如左：

第一條

今測量局允向德律風根公司定購，及承受由德律風根公司供給下列貨物：完全德律風根、一個半 TK 電臺一副。包括左列各件

架空線材料	一全副。
煤油引擎	一全具。 有充分效力，連同各種附件聯接於下述之發電機
直流發電機	一全具。 連同附件
連直流電動機之交流發電機	一座。
包括三一四馬力直流電動機	一具。 用於拖動 2.5-3 啟羅華特及二百二十華爾交流電機者，附有各種配件及電鏈屏等需要器具

聲電式傳遞器	一具。 此項器具能生一種清晰樂聲，故雖當空氣之阻礙，在十倍或二十倍於普通信號之力，其信號亦能遠達他處。蓋其電浪有三百－八百米達之長，其天線力有 1.5 華特之故。
歐的杠式真空管 E 二六六接收器	完全一副。 適用於接收聲電式及舌門式傳遞器所發之電浪。
裝設所用之材料	完全一副。
預備件	一副。

以上貨物，可參閱附呈之第十八號樣本中，不連副號傳遞器，惟連有接收器一具。

上開貨物，名目以英文名字為准。

第二條

上開無線電總價格，計銀洋一萬二千五百元正。此項價格係包括一切材料費、裝紮費及運至香港碼頭之運費，及保險費均在內，惟進口稅及各項安設費均在外。測量局並允發給護照，以便將上述之無線電臺呈驗進口。

第三條

德律風根公司保證此項無線電臺，在海面上能達一千八百英里之遙。於此距離內，在普通空氣中用最優異之電浪，保證日夜通訊無阻，惟桅桿及架空線之建設，須按照德律風根公司指導辦理。

第四條

德律風根公司允將此項無線電臺完全一副，在簽訂合同後五個月後交貨，如遇天災或人力所不能抵抗式故不在此限。

第五條

測量局應照下列條件，將此項無線電臺淨價，計
洋一萬二千五百元，付於德律風根公司收受。簽
訂合同時，付英洋二千元；貨到香港時，付英洋
四千元；電臺裝設完竣後，惟不得逾；第二期貨
款到期三個月，應付英洋六千五百元。

第六條

本合同共繕華文各兩份，雙方正式簽押蓋印後
各執一份為據。雙方對於本合同或有疑義爭執
時，應以英文為準。

中華民國海軍部海道測量局

德律風根無線電報公司代表上海西門子電機廠

中華民國十三年十一月二十一日訂正

海道測量局呈陳明東沙島設臺關於外交內政各項辦法請鑒核提呈備案

日期：民國 14 年 2 月 24 日（1925 年 2 月 24 日）

呈為東沙島建設電臺有關外交、內政謹陳辦法，懇請鑒
核提呈備案事。案查東沙孤島近於粵東，舊為日本人私
占，前清宣統二年粵省出資二十餘萬元遣散日人，派員
收回管轄。宣統三年春間，前海關巡工司額德志奉派測
量該島四面海道，是年夏間，測量竣事製圖呈報各在
案。海道測量局前年奉令籌備該島建設無線電臺事務，
疊據該前巡工司函稱：「該島水甚汙濁不宜用為飲料，
且地面沙土有毒妨礙衛生。」等語，並送該島沙土，經
上海化學所化驗確有鳥糞夾雜其中，不免含有毒質。上

年海道測量局派員江寶容等乘坐英國海軍砲艦前往該島
察勘情形，瞥見尚有日本人在此島中備船裝運海產，經
具詳細報告並附相片呈明鈞部，均蒙咨外交、農商各部
在案；查無線電機業蒙鈞部准購，職處現甫成立所有該
島臺屋，應由職處剋日興工。茲該島孤懸海外，既設海
軍測候電臺平時、戰時均應戒備，日本漁民應即勒離島
不准在此漁撈。再該島地屬熱帶，一片平沙，關於臺
員、兵役、衛生事宜應為注意，宜廣植樹木以蔽風雨，
安置蒸水機器以淨飲料，其島中所有堆積鳥糞即由職處
招工掃除。凡此整理島地事權應由職處執行，隨時稟承
鈞部辦理。事關外交、內政，謹陳辦法是否有當，伏乞
鑒核提呈備案，實為公便。

謹呈

海軍總長

　　　海道測量局局長兼全國海岸巡防處處長許繼祥

海道測量局呈擬建東沙測候臺用費及將來接管事宜請由部主持辦理

日期：民國 14 年 3 月 28 日（1925 年 3 月 28 日）

呈為陳報建築東沙島測候臺用費，謹附圖說明，仰祈鑒
核示遵事。竊東沙設臺測候一案，前年職局奉令籌辦，
疊經擬具計畫。上年夏間，派員江寶容等由香港乘坐英
國海軍礮艦會勘該島，並代部價購德律風根無線電機。
上月因建臺在即，經飭甘露測量艦前往覆測該島港道，
節次呈請鑒核在案。查該臺之設與香港觀象臺會洽測候
最為繁密。該島為東南颶風必經之路，所有建臺方法疊

經九龍關稅務司威厚瀾轉達英工程司之意見。此次派員許慶文赴港與該局商榷圖式工料、利弊。茲據報告，該局所擬臺屋造法係以水泥磚疊成，其堅固等於礮臺之建築，估價在洋二十萬元以上。不但需費過鉅，而材料重量約兩千噸盤運，亦且需時等語。茲將英工程司來圖附呈鈞覽，職局斟酌損益，另擬圖式與該工程司所擬略同。惟所用材料則擬將屋頂用方磚水泥各兩層上鋪石綿，足禦颶風、烈日，全屋棟樑均用鋼架夾以機器造成之磚厚一英尺，電桿兩枝用鋼各長一百八十英尺，各重四十噸，質料亦甚完固。業已詳具應用工料說明書登報招人投標，俾趁此颶風平息之時著手建築。所需經費，經商全國海岸巡防處照投標所則價目撥付，當據復稱：「前奉鈞部訓令第114號自當撥付，惟此次款早經預算至多以五萬元為限。該臺係觀象機關，不入巡防處職掌範圍。所有監造及日後接管事宜，均由職局辦理。」等語。查建臺價目俟投標確定後，即當呈報。該處所稱只能籌付五萬元之款，確係實情，如有不敷，應請鈞部撥湊。至該臺原係代部籌建，職局專司測量未能監管，臺成之日關於接管事宜，應由鈞部主持合併陳明。所有建臺用費及臺成接管各緣由。是否有當，謹附圖說明，伏乞鑒核事遵，實為公便。

謹呈

海軍總長

附香港來圖三幅、局圖兩幅、工料說明書一件

　　　　　　　　　　　　海道測量局局長許繼祥

海軍部咨據全國海岸巡防處呈東沙島建設電臺關於外交內政各辦法請轉呈並咨等情轉呈外相應咨行查照

日期：民國 14 年 4 月 13 日（1925 年 4 月 13 日）

海軍部為咨行事。據全國海岸巡防處處長許繼祥呈稱：「查東沙島云云敘至。是否有當，敬乞轉呈臨時執政鑒核備案，並咨行外交部查照。」等情。查該處長所陳各辦法尚屬切要可行。除據情轉呈外，相應咨請查照。

此咨

外交總長

海軍部呈轉陳東沙島設立電臺各辦法請鑒核備案

日期：民國 14 年 4 月 14 日（1925 年 4 月 14 日）

呈為據情轉呈，仰祈鑒核備案事。竊據全國海岸巡防處處長許繼祥呈稱：「查東沙島近於粵東，舊為日本人私占，前清宣統二年粵省出資二十餘萬元遣散日人，派員收回。宣統三年春間，前海關巡工司額德志奉派測量該島四面海道。是年夏間，測量竣事製圖呈報各在案。海道測量局前年奉令籌備該島建設無線電臺事務，疊據該前巡工司函稱：『該島水甚汙濁不宜用為飲料，且地面沙土有毒妨礙衛生。』等語，並送該島沙土，經上海化學所化驗確有鳥糞夾雜其中，不免含有毒質。上年海道測量局派員江寶容等乘坐英國海軍砲艦前往該島察勘情形，瞥見尚有日本人在此島中備船裝運海產，經具詳細報告並附相片呈明鈞部，均蒙咨外交、農商各部在案。

查無線電機業蒙鈞部准購，職處現甫成立所有該島臺
屋，應由職處剋日興工。茲該島孤懸海外，既設海軍測
候電臺平時、戰時均應戒備，日本漁民應即勒離島不准
在此漁撈。再該島地屬熱帶，一片平沙，關於臺員、兵
役、衛生事宜應為注意，宜廣植樹木以蔽風雨，安置蒸
水機器以淨飲料，其島中所有堆積鳥糞即由職處招工掃
除。凡此整理島地事權應由職處執行，隨時稟承鈞部辦
理，事關外交、內政，謹陳辦法。是否有當，敬乞轉呈
備案。」等情。據此，查該處長所陳各辦法，尚屬切要
可行。除咨外交部查照外，理合據情呈請鑒核備案。

謹呈

臨時執政

海道測量局呈東沙島測候臺業經在滬投標訂約付價包造謹附最終確定臺圖並工料說明書仰祈鑒核備案

日期：民國 14 年 4 月 18 日（1925 年 4 月 18 日）

呈為東沙島測候臺業經在滬投標訂約付價包造，謹附最
終確定臺圖並工料說明書，仰祈鑒核備案事。竊東沙島
建臺經過情形，前經草擬臺圖呈鑒。事關遠海孤島工
程，所有全數材料既須一次運送，建築方法又須先期確
定，日後即無可變更。一切工料之審定，應以謹嚴為
主，其中尚有應行增改者數端，職處參照最新禦風避暑
造法，證以該島情形詳加修正，以期完美。原圖屋頂用
方磚水泥石綿層、蓋屋用土磚內外夾掩，今屋頂改用水
泥碎石所製三角式之塊，上蓋地瀝青，期暑熱流通其間

不至積壓，牆用水泥製成板塊，較前加重分量。又原圖
電桿用鋼管分節套接，今改用四角橫格式，並用加厚鋼
條，以期堅固。上月二十八日，在滬登報招人投標。本
月八日，方接到九龍關稅司轉到香港工程局，所擬修正
之臺圖及工料說明書。經由職處一併招人投標。現檢
閱所投標價，職處所擬臺圖，畢德生洋行開洋十七萬
元，同泰機器廠有限公司開規銀九萬八千零六千兩，西
門子洋行開洋八萬四千元，林森記營造廠開規銀五萬
五千八百二十四兩，紫諾維齊洋行開洋七萬四千元；相
較係最低價標其香港所擬臺圖，畢德生洋行開洋十五萬
九千七百元，紫諾維齊開洋十七萬五千元。此次投標人
均以東沙為孤荒之島，遠距大陸，或慮駁運材料之險
阻，或憚招集工匠之困難，或患海盜之行劫，以致標價
大不相同。查紫諾維齊洋行係江蘇交涉公署介紹，所開
價洋七萬四千元亦最低價格，本日已與訂約，由其承
包。其頭批之款，計洋一萬四千八百元，即經全國海岸
巡防處撥付；所有東沙島測候臺業經在滬投標，並訂約
附價包造源由，謹附最終確定臺圖工料說明書，並合同
備文，呈請鑒核，伏乞賜予備案，實為公便。
謹呈
海軍總長
附臺圖十副、工料說明書並合同一冊，共十一件
　　　　　　　　　　　　海道測量局局長許繼祥

海道測量局呈東沙島建立電臺擬利用電桿附設航海燈請鑒核備案

日期：民國 14 年 4 月 21 日（1925 年 4 月 21 日）

呈為東沙建立電臺，擬利用電桿附設航海燈，以衛航行，仰祈鑒核備案事。竊查東沙島地形漥下，最高之處離海面僅十八尺，每遇天陰霧重迷茫莫辨，環島約三英里，水勢尤淺，峽底均係珊瑚白沙，以致海船經過是地，慄慄咸以遠避為戒。而時值天氣晴朗，帆船又認為目標，藉求方向設置電燈，以示夜航，誠為要務。但若用尋常燈塔，遠航斷難瞥見，有霧之時更失效用，轉不如無燈，憑恃舟人反得紆道趨避，而因噎廢食，斷非正辦。現建無線電桿，高一百八十英尺，擬利用該桿附設燈光在該桿之上，以為遠航夜行之目標。是項電燈 AGA 光線，按此高度能照十四零七海里，計需費約美金一千磅，一舉兩得，而於海上公安裨益，良非淺鮮。所有利用電桿附設航海燈緣由，理合備文呈請鑒核備案，實為公便。

謹呈

海軍總長

　　　　　　　　　　　海道測量局局長許繼祥

海道測量局呈籌辦備建臺事竣抄呈文件並另擬編制預算懇請飭下會議並提出閣議定案

日期：民國 14 年 4 月 24 日（1925 年 4 月 24 日）

呈為籌備建臺事竣，謹抄呈往返文件並另擬測候臺編制預算，仰祈鈞鑒施行事。竊職局於十二年七月間奉令籌

備東沙島建臺測候事宜，事關香港政府建議，兩年以來
由討論海關報告，進而會勘島地情形，由會勘島地化驗
島中物質，進而為建築技術之商榷，函件往來均由關員
間接頗關重要。此案香港政府先請假地建臺，繼議公同
辦理，就關項臺任務而論，一切設備固屬於國際公安之
事，原可無分畛域公同商酌，以收相得益彰之致。但照
地理而言，東沙間於小呂宋、臺灣、香港、瓊汕各地之
間，亦為海戰軍機所繫，現時遠航潛艦為接濟燃料須廣
設海島油線，軍用飛機為傳報消息須多建海中電臺，今
是臺若歸兩國公建，流弊滋多。職局長明知財政困難，
建築需款然與其臨機掣肘，滋轇轕於戰時，何若未雨綢
繆先慎重平日，故特仰體部意設法自辦。今幸臺圖確定
建築約成幾屬航術之補助，並為兼籌並顧設置航海燈光
照耀至十五海里之遠。籌備既已完全，應即抄錄往返文
件彙呈鈞覽，俾資結束。抑職局長更有陳者，東沙臺與
國內觀象機關互通消息，係國際交通之臺，其電力不與
雙橋電臺相同而性質及關繫無異，況兼管航海燈光責任
綦重，與海防處所設警臺專為保護對內漁民船者不同，
應歸鈞部直轄以符編制，現值建築之時尤關重要。該島
距大陸最近之處百數十里，是處空曠無蔽，船舶不宜在
此長期寄椗，況海底皆係珊瑚，錨難著力，環島三海里
最深之線僅七、八英尺，猶係前清宣統三年春間所測，
現時係何深度，已由職局派出甘露測量艦覆勘方知真
相。該島應設碼頭、造道路、置輪艇以供運輸，植樹
木、畜雞豚狗彘以資衛生；至所有臺員必須富有電學、
氣象航海學識，而此項人員遠託孤島與大地隔絕，居此

不毛之地，日在風吹日灸之間，應如何慰其勞苦，是應
別籌獎勵之方優予薪俸，事屬創辦百端待理。擬請鈞部
任派大員接辦。至該臺編制及預算並經職局與部員陶鈞
悉心討論，總期締造間難克垂久遠，海權永保國際有
光。職局悚於國際之關繫，結束之日不敢緘默無言，謹
擬編制及經費表懇請飭下會議並提出閣議定案。所有籌
備建臺事竣暨另擬測候臺編制預算緣由。是否有當，伏
乞鈞鑒實行，實為公便。

謹呈

海軍總長

附抄件一冊、編制預算一件

海道測量局局長許繼祥

東沙島無線電測候臺預算說明書

（一）開辦費

甲、無線電收發報機全副　價壹萬貳千伍佰元

說明：查東沙島設臺宗旨在測候氣象便利航行，其電
　　　力以能與進出口商輪通報為主要，更以能與福
　　　建、香港、呂宋、臺灣等處電臺互換氣象報告
　　　為次要，故審訂機件宜即以此為標準。經探詢
　　　各洋行價值以德律風根火花式為最宜，而價亦
　　　最廉，故於上年十一月訂購，不日到華，其程
　　　式單及合同單經呈送在案。

乙、鐵塔房屋工料運輸建築費　價捌萬貳千元

說明：查東沙孤懸海外，風力之強迴非內地可比，故
　　　建造鐵塔房屋非有極堅固之建築，不克持久，

兼之工匠材料均由滬供給，其運輸困難達於極
點，故登報招標計其價格最低者為柒萬肆千
元，業經呈報在案。旋因鐵塔頂上添裝航海燈
結構更須堅固，工料較前增加雙倍並另建煤棧
及其他臨時工程不在合同之內，故續加工程費
捌千元。

丙、添裝無線電方向器　價肆千元

說明：查無線電方向器（Direction finder）各國海岸電臺
均經裝置，俾航海者遇霧時可向就近海岸詢問
位置。東沙電臺宗旨既為便利航行而設，亟應
添裝一架，詢價約肆千元。

丁、航海電燈機件全份　價洋壹萬元

說明：航海電燈前經香港政府請為設置，按尋常機件
其燈光僅及五、六英里，東沙島地勢窪下，情
形特殊，其航海燈光非達遠度，於航海反多危
險，故購置是燈務使光線能達十五英里之遙，
方有效力且每半年祇須檢換一次，保管亦易，
現已訂購連同預備配件價值約壹萬元。

戊、購置小汽油艇　價陸千元

說明：查東沙島交通阻隔，執役人員在臺供職日用飲食
總須隨時接濟，但尋常小輪因風浪過大不克前
往，又不能駛近，故電臺應需各品非自置小輪
向大鏟街運不可，擬備汽油艇一只，身長三十
餘英尺約十三匹馬力，詢價陸千元。

己、電機運輸裝置及添配預備器等　價陸千元

說明：查電機轉運至東沙並裝配一切工料用費若由洋商

包裝，因交通不便深恐費用太巨，現擬自派工程師僱匠前往安裝，並添置工具預備品、試驗儀器等件，估計需陸千元。

庚、電臺應用傢俱及其他設備費　價肆千元

說明：查電臺人員寂居孤島，則居住一節務使安適、便其衛生，故應用傢俱似宜酌置完備並須購備醫藥器具，以便患病者得所療養，建造時尚擬攜帶種植畜牧器以期開闢該島。

辛、建造時辦事人員川旅費及臨時電臺維持費　伍仟元

說明：查建造電臺預期工程五個月，在此期內擬安置一臨時電臺使與香港得通消息，以便轉達主管機關。是項辦事人員川旅費及臨時電臺維持費月需千元，五個月計伍仟元，其工程師、工匠由裝配工程兼管，在：『己項』開支不另計入。至保護電臺，衛兵由正餉支給，電臺酌給津貼，倘遇意外事項電臺工程延期則預算不數，應由經常費項下支給之。

（二）經常費

甲、薪水

　1. 臺長兼工程師　一人　月薪五百元

說明：東沙電臺關係國際交通，用人一項極為重要，臺長對內對外負全臺責任，既須有專門技術之學識、經驗，尤必有勤懇耐苦之特性，始克久居荒島，設使無優厚之薪水斷難覓相當之人員，故是項薪水業經再四討論始行擬定。

2. 醫官　一人　月薪貳百肆拾元

3. 領班　一人　月薪貳百肆拾元

4. 無線電報務員兼氣候測驗　六人　月薪共壹千零捌拾元

5. 書記兼庶務　一人　月薪壹百伍拾元

　 錄事　　　　一人　月薪陸拾元

6. 電機匠　二人　月薪共貳百元

7. 桅桿匠　一人　月薪捌拾元

8. 燈塔匠　一人　月薪捌拾元

9. 小工　二人　月薪共伍拾元

10. 夫役　五人　月薪共壹貳拾伍元

11. 汽艇舵工　一人　月薪參拾元

12. 衛兵　十二人　月薪參百元

以上共計洋參千壹百參拾伍元

說明：東沙電臺因地處荒島，故各項人員薪水不得不稍從優厚，方能覓到相當人員。

乙、材料銷耗

1. 發電機用汽油機油銷耗費　每月壹百伍拾元

2. 汽油艇材料銷耗費　每月伍拾元

3. 機件銷耗品　每月參拾元

4. 電池用蒸溜水煤碳銷耗費　每月貳拾元

5. 燈塔用材料銷耗　每月伍拾元

6. 局用公費　每月貳百伍拾元

以上共計每月洋伍佰伍拾元

兩共每月經常費參千陸百捌拾伍元正

說明：東沙電臺材料銷耗月需伍佰伍拾元，亦係至少之

數，預計是項經常費一俟電臺工竣急需支用，現在工程既已承包有人剋日興築，故是項經常費自本年十月起必須支用。

海軍部令據呈東沙島測候臺業經在滬訂約並附圖說合同應准備案

日期：民國 14 年 4 月 27 日（1925 年 4 月 27 日）

令海道測量局局長許繼祥

呈一件，為東沙島測候臺業經在滬投票、訂約、付價、包做，謹呈臺圖十幅、工料說明書並合同一冊，共十一件，請鑒核備案由，呈附件均悉；應准備案。此令。

全國海岸巡防處呈海岸巡防凡屬公益發報請咨交通部按電報規則轉飭無線電局免費傳遞

日期：民國 14 年 4 月 28 日（1925 年 4 月 28 日）

呈為海岸巡防司職務有屬公益事業，仰懇咨請交通部按照電報規則，轉飭無線電局免費傳遞事。竊職處組織法案所列職掌：一、海岸警衛；二、災害預防；三、風警傳報；四、航術補助，共有四項。關係公益，至為重大，業於沿海各處擇要次第設立警臺，並於所屬各艦艇內裝置無線電機傳遞警報。查電報收發規則，內載天文電報免費可作公報，與公益電報等凡機關或團體發寄電報，經交通部核准或發給執照，認為公益電報者，得由各局按照種類分別發遞等語。職處所司職掌，除第二項災害預防內之救護難船、第三項風警傳報之傳遞消息，按照萬國通例認為慈善事業照章可以免費，第四項航術

輔助事項完全屬於平時計劃，無須發遞電報外；其第一
項海岸警衛內之制止海盜一款，係關船上旅客生命財產
與第二項內救護難船同一性質，為萬國通例，雖未明
定。而我國近來海盜充斥，制止救護實不容緩，則發遞
此項電報，似可認為公益電報，由交通部無線電海岸局
發遞得免納費。職處前擬布防計畫，業經呈准將全國海
岸線扼要分區設臺，專司報警在案。現在南洋海岸各處
建設，除交通部設有電臺，各處無庸再設外，經在江浙
沿海、嵊山、沈家門、海門等處設臺，並在粵海東沙島
設立觀象臺，惟所屬臺艇除東沙島外，無線電力均為幾
微，應懇鈞部咨請交通部，按照該條規則轉飭所屬無線
電局，此後遇有職處及所屬機關發遞是項電報，及現時
東沙建臺工程報告均予免費。庶公益電報無阻礙之虞，
遇難船舶獲安全之利。至所屬各臺艦艇電力呼號波長，
俟規定後當再另行呈報。所有懇請，轉咨交通部飭令無
線電局免費傳遞緣由。理合，具文呈請鑒核施行。
謹呈
海軍總長
　　　　　　　　　全國海岸巡防處處長許繼祥

海軍部令為東沙島建電臺用電桿設航海燈祈鑒核備案應照准

日期：民國 14 年 4 月 29 日（1925 年 4 月 29 日）
令海道測量局局長許繼祥
呈一件，為東沙島建立電臺，擬利用電桿附設航海燈，
以衛航行，仰祈鑒核備案由，呈悉；應准備案。此令。

海軍部令抄呈定購東沙島測候臺無線電機英文合同應准備案

日期：民國 14 年 5 月 1 日（1925 年 5 月 1 日）

令海道測量局局長許繼祥

呈一件，遵抄定購東沙島測候臺無線電機，與上海西門子洋行訂立英文合同，附呈鑒核備案由，並英文合同均悉；應准備案。此令。

海道測量局呈建築電臺應加真空電機並添置求向器一副請備案

日期：民國 14 年 5 月 7 日（1925 年 5 月 7 日）

呈為建築電臺另加真空管電機並求向器，以完籌備，仰祈鑒核備案事。竊職局奉令籌備建築東沙島觀象臺事宜，其電機原用火花式，足與商船互通消息。茲據膠澳觀象臺函稱：「敝臺地處青島中外，輪船往來甚多，航海之行止常以敝臺之天氣預報為指歸，應請將所歸定設臺之地點名稱及經緯度開示，並請將來按照海關所設測候臺成例，每日與敝臺通報氣象電報，以資應用而利航政。」等語；而徐家匯天文臺亦請每日直接通報，庶傳遞氣象報告不致遲滯。查原用火花式電機所發非賡續電波，與岸局交通恐多間阻，必須另加西門子真空管電話機一副，俾與水陸各方交通悉臻便提。再，該島設有燈塔，惟過天陰霧密、船舶經行須得航術之輔助，並添置求向器一副，藉利航行。所有建築電臺另加真空管電機並求向器各一副，以完籌備緣由，理合呈請鑒核，賜予備案，實為公便。

謹呈

海軍總長

　　　　　海道測量局局長許繼祥

海道測量局呈設備東沙觀象臺應增工程各費開具預算書請鑒核提出閣議

日期：民國 14 年 5 月 14 日（1925 年 5 月 14 日）

呈為東沙島觀象臺擴大電力、改裝新機、加高鐵塔，業與西門子公司簽約，所有應增工程各費繕具預算書，懇請鑒核事。竊查東沙島建築測候電臺原用火花式，本擬與往來船隻及香港電臺通電，旋上海徐家匯天文臺及膠澳觀象臺均來函：「請與東沙每日直接交換氣象報告，以示靈通，而資研究。」等情。是該臺既為南北交通樞紐，非有精美之機件、強大之電力不足以利往還，擬將火花機改裝真空管式並另加求向器一副，俾與水陸各方交通，業於五月六日呈請鑒核在案。現職局與原承辦機件之西門子洋行詳加討論，決定採用二啟羅劃脫真空管機並鐵塔每桿加高至二百五十尺，該行擔保日夜與青島吳淞直接通報，業於本月十四日與西門子公司簽訂合同。其原有之火花機移設於西沙島，可與東沙直接通電毋庸另購機件，其東沙新訂機價連無線電話全份計國幣四萬八千元，加高鐵塔每桿七十尺共加工料費七千元。比較原預算應需追加總計建築該臺需款十七萬三千五百元，除先後收到巡防處咨解總稅務司撥交去年夏秋兩季船鈔餘款，計五萬九千元外，尚餘不敷十一萬四千五百元，理合

開具預算書。伏乞鑒核，迅賜提出閣議施行。

謹呈

海軍總長

附預算書一份

海道測量局局長許繼祥

修正東沙觀象臺開辦預算書

修正東沙島無線電觀象臺開辦預算書概略

項目	金額
一、二啟羅劃脫真空管無線電收發機全副	四萬八千元
二、25尺鐵塔兩支及房屋工料運輸建築費	八萬一千元
三、另造鐵燈塔工料費	五千元
四、無線電方向器	四千元
五、航海電燈機件全份	一萬元
六、購置小汽油艇	六千元
七、32Volt電燈機全副	一千五百元
八、電機運輸裝置添配預備品等	六千元
九、電臺應用傢俱及其他設備費	四千元
十、建造時辦事人員川旅費及臨時電臺維持費	五千元
十一、測候儀器全份	三千元

以上十一項共計洋十七萬三千五百元正

東西沙兩島建築無線電臺估計經費請公決

日期：不詳

竊查東沙一島近於粵東，距香港一百六十二海里，舊為
日人私占。前清宣統二年粵省出資二十餘萬元派員遣散
日人收回該島，惟未遣官民常駐其間，而日人又時復潛
往盤旋島上從事漁業。現查在該島從事漁業者尚有日人
五十六名、臺灣籍民十名。民國十二年，香港政府為謀
航路安全起見，擬出款在該島建築電臺，託由駐京英使
向稅務處探詢海部意見，本部以主權所在礙難允許香港

政府出資建築，亟應自行辦理以保海權。乃令海道測量局局長許繼祥籌辦該島，建設無線電臺，並設法將該島日人遣離，經於本年四月呈報臨時執政鑒核備案，並咨報外交部各在案。茲據該局長呈報：「前項工程預算所有建築裝配以及轉運各費，從儉核計需款國幣十七萬三千五百元。該項工程成立後，不特可與香港通訊，且可與上海、膠澳、小呂宋各觀象臺逐日通報氣候，以保航路安全。此測勘東沙島，估計建築該島無線電臺之情形也。又查東沙島三百三十一海里有一島，名曰西沙島，為英、美、法三國商輪航線必經之路，與國際、外交均有關係。其險要不亞東沙，上海徐家匯天文臺曾著有輪船在西沙因風遭險失事一事，並經函請職局亦在該島建設無線電臺，以資救濟。竊查東沙既已設臺，西沙如不次第興辦，外人將有為言或以代謀為請允之則失主權，似不如由我次第興造推及國際，既生列邦欽敬之心，交涉上復杜外人干政之漸。現在核實估計該島建設稍小無線電臺，一切費用需用國幣十二萬元。此研究西沙島估計建築該島無線電臺之情形也。合東沙、西沙兩處計共國幣二十九萬三千五百元。查警報氣候為全國海岸巡防處職掌，惟該處經費每月僅有一萬餘元，對於建臺之費自難兼顧。伏念職局奉令籌辦東沙島建設電臺，其時全國海岸巡防處尚未開辦，此事既由職局經抬辦理，自不能不勉力，以圖其終，再四思維。惟有仰懇鈞部提出議案，請由財政部撥發以濟要需，所費尚不甚多，而對於領海主權裨益時非淺鮮，為此，具呈陳請，伏乞鑒核施行。」等情前來。查該局長此呈建築東沙、

西沙兩島電臺各節，於對內、對外及航路安全均關緊要似屬不容稍緩，所需款項雖非甚鉅，惟當此庫儲支絀。擬請由財政部分十個月按其撥給，既得以稍紓財力亦不致有誤工程，則所以保主權而維公益悉繫乎。是否有當，謹提議案，敬候公決。

海軍部咨據海岸巡防處呈稱竊職處組織法案所列職掌四項庶公益電報無阻滯之虞遇難船舶獲安全之利等因應咨請察照事關公益可否轉飭希見復為荷

日期：民國 14 年 5 月 14 日（1925 年 5 月 14 日）

海軍部為咨行事。據本部所屬全國海岸巡防處處長許繼祥呈稱：「竊據職處組織法案云云照原呈錄至。庶公益電報無阻滯之虞、遇難船舶獲安全之利。」等情前來。相應據情，咨請察照。事關公益，可否轉飭辦理之處，茲希見復，為荷。

此咨

交通總長

海道測量局呈西沙群島關係國際外交亟宜建設請提出閣議施行

日期：民國 14 年 5 月 17 日（1925 年 5 月 17 日）

呈為西沙群島關係國際外交宜及時建設以杜覬覦而保海權，仰祈鑒核提出閣議施行事。竊西沙群島其最大者海圖上稱為 Lincoln，其次大者海圖上稱為 West Sand，兩島地點在北緯十六度四十分及五十九分，東經一百十二

度四十四分及十五分，距現建觀象臺之東沙島參百三十一海里有半，東瞻呂宋、西顧東京、南襟安南、北枕香港，為英、美法三國屬地航線必經之路。該群島地勢平衍，天陰之候若隱若無，每遇風信陡變狂飆驟起，巨舟傾覆於是者指不勝計較之，東沙尤為險要。疊據徐家匯天文臺勞臺長積勳函稱，西沙地處南洋要衝亟應設備，不但推測颶風占驗氣候可資天文象之研究，而標誌有設覆溺無虞亦仁政上之施為，並附該臺民國九年風災輪船在西沙失事歷史一書，請為參考核辦前來，查該島為我國漁民捕魚之地，稱名西沙與東沙遙對自為我國領土無疑，勞臺長著書呼籲藝術者其用慈善者具體英、美、法三國皆有航線圖，係或公言合辦或私心攘取皆與我國海權有關，誠宜此東沙布置之餘，繼籌西沙建設之事名正言順，風聲所播，觀象有朋航行懷德於國際上既生列邦欽敬之心，交涉上復杜他族覬覦之漸。該島建設測候臺、燈誌、無線電機等仿照東沙且不必強大電力，但使通至東沙島即可，由東沙島轉電北方，南海、北海瞬息可通，凡各國有事，東方一舉一動如指諸掌。所費規定十二萬金收效，則不可計及職局見聞所，及敬請鈞部提出閣議及時施行不受被動致迫之嫌，而有增榮益譽之美，至為公便。抑職局更有言者，歐戰以還，泰西名都大邑多受殘破，瘡痍未復，雖有雄心殊難著手，世界大事勢在東方，我國必先有中立之能始可守中立之約，西沙群島既為我國領土，苟不自家建設而任他國為之，則本世紀注重飛潛之術者，飛可借該島為駐足，潛可藉該島以儲油。而東航之艦隊武力如何進取方向，皆可就該

島之電機飛報其國，是我國嚴守於堂奧放任其門戶，使
對等者受其顯著之害是吾已失中立之能力，責言之來，
殊無以謝杞人殷憂，職局長實難自已無論所費未必甚
奢，即需款較為重大，而權衡利害其勢在於不能不為
用，敢冒昧附陳伏候鈞部察奪迅賜施行。

謹呈

海軍總長

海道測量局局長許繼祥

附徐家匯天文臺報告書一本

海道測量局局長許繼祥函

幼庸先生司長大鑒：

奉庚電飭酌減東沙臺經費，當具佳電復陳計承勛察。查
東沙臺經常費原擬九千餘元，驟視之固覺其多，惟東沙
地勢險阻，運輸往來春夏用艦，秋冬用飛機需費浩繁，
九千餘元尚餘不足，此佳電所以有無可酌減之言，至尊
擬向總稅務司請撥噸鈔，以應東沙臺養費。查安格聯對
於動用噸鈔之解釋謂係專為指導輪船航行之用，不能撥
應他項之需。東沙臺雖有燈塔，係指示本臺往來運船及
各帆艇方向之用，而各輪船航線殊鮮經由電臺為海軍管
轄之臺，傳報主於氣象，無事以交換學識維持公正為
言，有事可探報軍情固吾疆圉為事，若商之稅務處未必
能令總稅務司之奉行。鄙意先就原案通過，閣議有確定
之數目然後有正當之請求，現敝處經費既指定五十里內
民船船鈔如或不敷，自應推廣，於五十里以外則各關於
口之船鈔歸於各關監督，經徵者亦宜撥資挹注。此似言
有之物較徒以空言，商請稅務處者尤覺名正言順，而又

不失本部主權，區區之見，即希採擇施行，至為幸甚。
順頌政祺

弟許繼祥

三月十日

海防日報載有法國火輪船公司哥倫布船遇險如下：

一千九百十年九月念六日晨六時半鐘，由西貢之抵和房之哥倫布船離該埠北往海防途中午時後氣壓表針忽降至念九寸六九，海風大起，波浪拍過船之前部船身傾側，輪葉震動甚烈，至四時半船竟不受舵工指揮隨海風面東西，遂開慢輪轉向東南開駛，至晚八時表針降至念八寸四二之低度，颱風適至，登時浪湧如山風雨自南而來，船遂無法操持。十時半鍋爐離位，火艙祇得掩閉，至夜半略有轉機，針達念九寸八四，然該船於次日中日在海中隨波逐流既失效力，船尾又經折損，舵亦復歸無用，種種艱難筆難盡述，幸飄流漸次近岸。至念八日晨六時已見老虎島，因揚帆不得抵岸遂在該島下椗，次日派舢舨往大陸求援。十月一日奧力提督船來援，五日飢寒所迫之搭客及船員始得一飽其腹，復經該船拖帶於二日安抵海防矣。

徐家匯天文臺查上述之颶風中心點，係於念五日早六時經過子午線一百十七度至次日午后八時已達老虎島，於此推算過林肯島在五日晚八時又過安斐特立島，在晚十時然現象當在六箇鐘前已有動機。按海防之天文臺曾於念四日午時報有風暴在魯生島之東三百哩，至念五日午時復報支那海之北部北風甚緊，因颶風昨夜過北魯生島，今經過支那海面西向安南前進，此第二次之報

告。於念六日午時電轉法屬安南各處，然哥倫布船於該
日晨間已離和房，因是相左，設始於和房至廈門之電線
海徑中分一支，譬如在西沙群島間築一氣象臺則上述之
風警可於念五日晚八至十一時抵和房，較今可提早六小
時則哥倫布之船主如知當時颶風已達林、安兩島，自不
致翌晨開出和房口岸矣。

海軍部令據呈電臺另加真空管電機求向器各一副應准備案由

日期：民國 14 年 5 月 21 日（1925 年 5 月 21 日）

令海道測量局局長許繼祥

呈一件，為建築電臺另加真空管電機，並求向器各一
副，以完籌備，仰祈鑒核備案由，呈悉；應准備案。
此令。

海道測量局呈另設東沙島燈塔並加高電臺鐵桿附呈合同請鑒核備案

日期：民國 14 年 5 月 23 日（1925 年 5 月 23 日）

呈為另設東沙島燈塔並加高電臺鐵桿，謹附合同，仰祈
鑒核備案事。竊職局建立東沙島電臺，前擬利用無線電
桿附設航海燈，以衛航行，當經呈奉令准備案在案。查
該島為颶風從出之塗，借桿設燈據技術觀察妨有流弊，
欲求盡善盡美，宜另行建築鐵塔，以期堅久。現已與士
達建築公司訂立合同，另造鐵塔一座，計高一百二十
尺，上設AGA電燈，共計價洋五千元。一切人工運費
均在其內。自五月十五日起，限期三個月完工。再，電

臺原用鋼條電塔兩座，本為一百八十尺，復經承辦者擔
保電力無分晝夜，可達膠澳遠度。現改加高至二百五十
尺，計另加價洋五千元，並經加訂合同，謹將該合同各
一份，備文附呈，伏乞鑒核備案，實為公便。

謹呈

海軍總長

附合同二件

　　　　　　　　　　　　　海道測量局局長許繼祥

海道測量局呈訂購東沙島應用測驗儀器書籍等件請鑒核備案

日期：民國 14 年 5 月 27 日（1925 年 5 月 27 日）

呈為代部訂購測驗風雲氣候儀器、書籍等，謹附來往函
件，請鑒核備案事。竊職局恭代鈞部籌設東沙島觀象
臺，須備測驗風雲氣候儀器，以應需用。茲由上海怡和
洋行電英代購風信機一副，連同十五尺高度風壓表，計
英金二百五十五磅，驗雲機一副，計英金二十九磅十先
令，並訂購氣象日記簿三打、氣壓表二只、自動量雨表
二只、太陽登記儀二件。以上俟貨到日，按照廠單付
價，再行呈報。理合先行具文，並附來往訂購函件，伏
乞鑒核備案，實為公便。

謹呈

海軍總長

附抄來往函件三份

　　　　　　　　　　　　　海道測量局局長許繼祥

海道測量局呈東沙建臺尚須購備鍊水機等件並應行添派各項人員請鑒核備案

日期：民國 14 年 6 月 1 日（1925 年 6 月 1 日）

呈為東沙建臺未盡事宜，謹行會報，請賜鑒核備案事。竊查東沙建臺，擬改無線電機，擴充鐵塔高度各情形，前經專案呈報。現材料業已在滬備齊，徵用江平商輪剋日裝發，亦於三十日電呈在案。茲據承建人士達公司稱，出發工匠約計三百人。該島飲料不合，衛生應由局購備鍊水機一副，計美金四百六十元八角八分。建臺地點距岸甚遠，機料運送至為困難，應由局建設輕便鐵道，約長半英里。以上，計洋一千元。電燈機全部，計洋二千元。臺內裝配並一切傢俱，約洋六千元。該島孤懸海外，建臺時期工人麕集，須派專員管理衛生，添設看護及藥劑師一員，月支薪一百元；並准海軍總司令撥來行軍無線電機一副，作為臨時電機，遇事得與香港通電，應設正副電官工程司各一員、機匠二名；護臺之用，備有鋼礮兩尊、短槍十桿，應派管帶一員、衛兵十二名，即令隨搭江平輪船護送前往，以昭慎重。工程關係重要，難任自由建築，特聘監造工程師，期約六個月，共給薪費洋三千元。以上各項，皆臨時緊要之需，悉經職局長撙節核定。理合彙報，敬請鈞部鑒核備案，實紉公便。

謹呈

海軍總長

　　　　　　　　　　　　海道測量局局長許繼祥

海軍部令訂購東沙島應用儀器書籍等件已列入議案提交國務會議此項經費已有著落不必作為代部訂購

日期：民國 14 年 6 月 6 日（1925 年 6 月 6 日）

令海道測量局局長許繼祥

呈一件，報明籌設東沙島觀象臺訂購風壓表一副，計英金二百五十磅，驗雲機一副，計英金二十九磅十先，並訂購儀器、書籍、日記簿等件，俟貨到按照價單呈報；附來往函件，請鑒核由。呈併附件均悉。查風壓表、驗雲機等件，已照該局修正東沙島電臺該辦費說明書所敘，測候儀器全份，價約三千元，列入議案送請國務會議。此項費用已有著落，由開辦費項下動支，不必作為代部訂購。此令。

海道測量局呈添購電機抄錄合同請鑒核備案

日期：民國 14 年 6 月 6 日（1925 年 6 月 6 日）

呈為添購電機抄錄合同，呈請鑒核備案事。竊照東沙電臺應備電機，前與西門子公司訂立合同具報在案。嗣准膠澳商埠觀象臺函開：「膠臺地處青島，中外輪舶往來甚多，航海之行止，常以膠臺之天氣預報為指規，是以蒐集此項氣象電報不遺餘力。查貴局有在各地設立測候臺無線電臺之舉，此項偉大計畫所裨益測候事業者實非淺鮮，請貴局將所規定設臺之地點名稱，及經緯度開示，並請將來按照海關所設測候臺成例，每日與膠臺通報氣象電報，以資應用，而利航政。」等因。准此，查職局前定電機係火花式，必氣候和霽始能及遠，若中途

有暴風巨響雜亂，則對方審聽不清，欲與膠臺每日通
電，勢恐未能。航政所需關係至重，不得不改絃更張，
使南北溝通，俾東沙電臺得縐海南樞紐，對於目下航行
異日軍機有不思議之裨益。因於六月二日與西門子公司
簽訂合同，添購真空管電機並求向器、電光機等，各副
計價美金二萬六千九百十五元，抄錄各項合同，呈請察
鑒；至前定火花式電機，以設臺之所尚多，只患不敷，
不患無用。所有東沙電臺添購電機緣由，理合抄錄合
同，呈請鑒核備案，實為公便。

謹呈

海軍總長

附合同抄件計三份

海道測量局局長許繼祥

交通部咨復海岸巡防處關於救護報警電報得照免費傳遞餘無成例未便照轉請轉知並將發寄公益電報機關開示

日期：民國 14 年 6 月 6 日（1925 年 6 月 6 日）

交通部為咨復事。准貴部咨開：「據本部所屬全國海岸
巡防處處長許繼祥呈稱：『竊職處組織法案所列職掌：
一、海岸警衛；二、災害預防；三、風警傳報；四、航
術輔助，共有四項。關係公益至為重大，業於沿海各處
擇要次第設立警臺，並於所屬各艦艇內裝置無線電機傳
遞警報。查電報收發規則內載天文電報免費可作公報與
公益電報等，凡機關或團體發寄電報，經交通部核准或
發給執照認為公益電報者，得由各局按照種類分別發遞

等語；職處所司職掌，除第二項災害預防內之救護難船、第三項風警傳報之傳遞消息，按照萬國通例認為慈善事業照章可以免費，第四項航術輔助事項完全屬於平時計劃，無須發遞電報外，其第一項海岸警衛內之制止海盜一款，係關船上旅客生命財產與第二項內救護難船同一性質。為萬國通例雖未明定，而我國近來海盜充斥，制止救護實不容緩，則發遞此項電報似可認為公益電報，由交通部無線電海岸局發遞得免納費。職處前擬布防計畫，業經呈准將全國海岸線扼要分區設臺，專司報警在案。現在南洋海岸各處建設，除交通部設有電臺，各處無庸再設外，經在江浙沿海、嵊山、沈家門、海門等處設臺，並在粵海東沙島設立觀象臺，惟所屬臺艇除東沙島外，無線電力均為幾微，應懇鈞部咨請交通部，按照該條規則轉飭所屬無線電局，此後遇有職處及所屬機關發遞是項電報，及現時東沙建臺工程報告均予免費，庶公益電報無阻礙之虞，遇難船舶獲安全之利。』等情前來。相應據情咨請察照。事關重大，可否轉飭辦理之處，並希見復。」等因。查關於救護難船報告風警之電報照章，得照公益電報免費傳遞。至關於防止海盜、輔助航術、報告工程等電報，向無免費成例未便照准。相應咨復即請貴部查照轉知該處，並將發寄前項公益電報機關開示，以便飭知各海岸無線電局一體查照。

此咨

海軍總長

交通部長葉恭綽

海軍部令關於公益電報及東沙建臺工程報告請轉咨免費等情准交通部復合行錄咨仰知照具復

日期：民國 14 年 6 月 15 日（1925 年 6 月 15 日）

令全國海岸巡防處處長許繼祥

前據呈請轉咨交通部：「此後遇有職處及所屬機關發遞公益電報，及現時東沙建臺工程報告，均予免費。」等情。當經據情咨准交通部咨復到部。合行錄咨，令仰知照，並具復，以憑轉復。此令。

附抄件

海軍部令添購電機附呈合同抄件均悉

日期：民國 14 年 6 月 23 日（1925 年 6 月 23 日）

令海道測量局局長許繼祥

呈一件，為添購電機；附呈合同。抄呈並附件均悉。此令。

全國海岸巡防處呈請轉咨交通部飭令吳淞無線電局對全國海岸巡防處電報認為二等公務報事

日期：民國 14 年 6 月 26 日（1925 年 6 月 26 日）

呈為呈請轉咨交通部，飭令吳淞無線電局對職處電報認為二等公務報事。竊奉鈞部訓令第一零二號內開：「前據呈請轉咨交通部：『此後遇有職處及所屬機關發遞公益電報，及現時東沙建臺報告均予免費。』等情。當經據情咨准交通部咨復到部。合行錄咨令仰知照並具復以憑轉復。此令。附抄件。」等因；奉此，查現時東沙島建臺工程報告已與香港皇家電臺商妥由

水線轉遞，自屬不生問題。查職處現設機關有沈家門、嵊山、東沙三處，敬請鈞部先行咨復交通部飭知各海岸無線電局一體查照，俟職處續有添設電臺再行隨時呈請轉咨。至吳淞電局與職處近在咫尺，應如何互相通電之法，容職處與吳淞無線電局長就近商明辦理，以期簡捷。所有遵令，具復緣由，理合具文呈請，伏乞鑒核施行，實紉公便。

謹呈

海軍總長

全國海岸巡防處處長許繼祥

海軍部提案東西沙兩島建築觀象無線電估計經費請公決

日期：民國 14 年 7 月 2 日（1925 年 7 月 2 日）

竊查東沙一島密邇粵東，為颶風東南行入中國海必經之路，舊為日人占據。前清宣統二年，粵省費貲二十餘萬元，遣散日人派員收回。時值改革未暇建設，日人乘機仍復盤據。民國十二年，香港政府以該島關係重要，擬假其他建築觀象臺，託英使轉向稅務處探詢，海部本部以主權所在，欲框英國之請求，並杜日本之私占，亟應自行辦理以重領海。經合海道測量局局長許繼祥籌辦該島建築觀象臺事宜積極進行，並請外交部咨明日使，將占住該島之日人遣離，業於本年四月呈請臨時執政鑒核備案。旋准外交部轉據日使復稱：「業經飭知該營業者禁止在該處捕魚。」各在案。茲據該局長呈報，估計建築裝配以及轉運各費，至儉實需國幣十七萬三千五百

元，現已著手次第建築，並已知照香港政府，期於本年九月造成。上副鈞部，委任下示，興國威信。惟局長更有所陳：「距東沙三百三十一海里有島，名約西沙島，為英、美、法三國屬地航線必經之路，其險要尤過於東沙。上海徐家匯天文臺曾著有民國九年風災輪船在西沙失事一書，廣為傳佈，意在襲慈善之名，在該島有所佈置。是我方亟應自動籌備，以杜其援例請求，擬俟本年九月東沙工程告成後，進籌及於西沙，此時所需工匠皆從東沙一來就熟駕輕，程功較速。由是，在國際上可生列邦欽敬之心，交涉上復杜外人覬覦之漸。估計西沙建築核實約需國幣十一萬四千五百元。兩共合國幣二十八萬八千元，惟有仰懇鈞部提出議案，請由財政部撥發以濟要需，所費既未甚奢而對於國際可生各國之尊重，對於領海可得巨大之裨益，為此，具文陳請，伏乞鑒核施行。」等情前來。查該所長所呈建築東沙、西沙兩島觀象無線臺各節，即於對內、對外及航路安全均有莫大關係，而又有列強觀成於旁，實屬不容稍緩。所需經費數目尚屬核實。擬請由財政部分期撥發，以十閱月為期，藉得稍紓財力，而亦不誤建築時間，則所以保主權、維公益悉係乎此。謹提案，敬請公決。

臨時執政府秘書廳函海軍部提出海道測量局建築觀象電臺應需經費一案業經國務會議議決照辦並請查照辦理

日期：民國 14 年 7 月 4 日（1925 年 7 月 4 日）

逕啟者：

准貴部提出海道測量局局長許繼祥籌辦東沙、西沙兩島建築觀象臺，關係重大，不容稍緩。所需經費合共國幣二十八萬八千元。擬請由財政部分期撥發，以十閱月為期，藉得稍紓財力，而亦不誤建築時間；提請公決一案，茲經國務會議議決：「照辦。」等因。除分行財政部外。相應函達貴部查照辦理。

此致

海軍部

海軍部咨公益報東沙建臺均予免費一案茲據巡防處復現與香港皇家電臺商妥相應咨請轉飭查照辦理

日期：民國 14 年 7 月 9 日（1925 年 7 月 9 日）

海軍部為咨行事。前准咨復關於全國海岸巡防處處長許繼祥，請對於公益報，及現時東沙建臺工程報告均予免費一案，當經抄咨令行該處處長知照具復，以憑轉復去後，茲據該處處長復稱：「查現時東沙島云云照原呈錄至。所有遵令具復緣由。理合具文，呈請鑒核施行。」等情。相應據情，咨請轉飭查照辦理，至紉公誼。

此咨

交通總長

海軍部令東沙島測候臺編制預算書業經會議廳公同討論乞鑒核示遵

日期：民國 14 年 7 月 13 日（1925 年 7 月 13 日）

總務廳為移付事，貴司呈：「東沙島測候臺編制預算書，業經會議廳公同討論，乞鑒核示遵一案奉批閱。」等因；奉此，相應檢同清摺一扣，移請查照辦理，可也。

此移

軍務司

附清摺一扣

軍務司為移付事，奉總長發下財政部一件，係關於東沙電臺，經國務會議議決「由稅務處撥付」，已咨行該處，請查照備案由。茲批：「閱。交軍務司、軍需司。」等因；奉此，相應抄函原咨移請查照備案。

此移

軍需司

東沙島無線電觀象臺經常費預算表

全國海岸巡防處

計開

項目	薪餉	總計
臺長一員	400 至 600 元	共 600 元
天象技正兼繪算一員	240 至 360 元	共 360 元
天象技士二員	180 至 240 元	共 480 元
航務技士兼護臺艇長一員一人	180 至 240 元	共 240 元
電務技正兼工程師一員	240 至 360 元	共 360 元

項目	薪餉	總計
電務技士二員 一兼副工程師 一兼報房領班	180 至 240 元	共 480 元
天象推測員三員	120 至 180 元	共 540 元
電務收發員三員	120 至 180 元	共 540 元
護臺艇副艇長一員	80 至 120 元	共 120 元
醫官一員	240 至 360 元	共 360 元
護臺艇輪機副軍士長二員	80 至 100 元	共 200 元
護臺艇帆纜副軍士長一員	60 至 80 元	共 80 元
護臺艇帆纜上士一名	40 至 60 元	共 60 元
護臺艇帆纜中士一名	40 元	共 40 元
無線電機匠二名　正 　　　　　　　　副	120 元 60 元	共 180 元
衛兵兼護臺艇水兵十六名	30 元	共 480 元
廚役二名	45 元	共 90 元
雜役（農圃、洗衣、理髮及雜役）六名	30 元	共 180 元
以上薪餉計 5,390 元		
臺長公費		200 元
無線電油及護臺艇小電輪汽油費		500 元
各種機器收發電燈泡消耗費		300 元
桅桿修理及油漆費		元
房屋修理及油漆費		元
逐路費		元
醫藥費及衛生費用		元
雜費（文具、郵費、煤炭等項）		元
旅費（全臺人員養調時川旅費）		元
以上雜費計 1,900 元		
以上兩項共計 7,290 元		

海軍部令請撥東西沙兩島電臺建築費一案經國務會議議決令仰照辦理

日期：民國 14 年 7 月 14 日（1925 年 7 月 14 日）

令海道測量局局長許繼祥，准臨時執政府秘書處函開：「海道測量局建築東、西沙兩島無線電臺請撥經費一案，經國務會議議決：『照辦。』」等因；合亟錄函並本部議案，令仰遵照辦理。此令。

附抄件一件

全國海岸巡防處呈東沙西沙兩島對外辦法應按國際通例擬請提出閣議垂為法案

日期：民國 14 年 7 月 30 日（1925 年 7 月 30 日）

呈為東沙、西沙島對外辦法應按國際通例，擬請提出閣議垂為法案，俾生效力事。查東沙、西沙兩島係屬我國版圖，前清時日人鳩居期間，經粵省疆吏資遣離島並派艦駛至該兩島豎旗鳴礮，以重國土。去年職處派員察勘東沙島，見有多數日人仍舊盤踞，並有漁船多隻，經予警告並呈報鈞部咨行農商部核辦。本年二月間復令甘露測量艦駛至該島測量，近島水道又見日人及漁船在島，當由該艦艦長限期令其遣離，並在島中張貼布告，復經呈報鈞部各在案。職處奉令在該島建臺，本年四月間招工運料前往，茲據監造委員許慶文呈稱：「日本漁民百餘人仍在該島，現漁船因風駛回臺灣，難保不重來。」等語。查該島係我國領土，為未開放通商地方，除遭難之船特別優待於危急時可駛入口外，其餘外人登陸須先得我政府護照，水舶入界須呈驗該輪舶船書。若陰營商業及來歷不明，則其貨物或船隻一經查出即可沒收，此為國際通例。茲該兩島既依照歷史上關係收為我有，建設無線電觀象臺屬諸鈞部管轄，且為海軍防地，應比照未開放地方適用通例辦理。事關國際。擬請提出閣議議決，俾對外發生法律效力。再由職處飭令各該臺官遵例執行，一面在島預先遵令張貼佈告，用資法守。所有東沙、西沙兩島對外辦法請提閣議緣由。是否有當，伏乞鑒核施行。

謹呈

海軍總長

全國海岸巡防處處長許繼祥

海道測量局呈東沙島航海燈塔鐵塔落成附呈照片請鑒核備案

日期：民國 14 年 8 月 6 日（1925 年 8 月 6 日）

呈為東沙島航海燈鐵塔落成，謹攝照片，呈請鑒核備案事。竊職局奉辦東沙島觀象臺，並造燈塔節，經辦理情形呈報鈞部鑒核在案。是項航海燈鐵塔，已於前月建築落成。現又接東沙島無線電報，知航海燈已抵該島剋日裝設，俟將該燈光力射程及所在地點正確之經緯度測定後，即當執行任務。理合具文並附呈照片，伏乞鑒核備案，實為公便。

謹呈

總長

海道測量局局長許繼祥

海軍部令東沙島航海燈塔試驗合用應令行轉飭查照

日期：民國 14 年 9 月 10 日（1925 年 9 月 10 日）

軍務司案呈，據全國海岸巡防處函開：「東沙島航海燈塔云云至。以地名理合呈報。」等因。據此，亟應令行該總司令，轉飭所屬各艦艇查照，以利航行。此令。

海軍部令關於東沙西沙兩島對外辦法請提議等因經咨請照會再有侵入可依國際通例辦理

日期：民國 14 年 9 月 16 日（1925 年 9 月 16 日）

全國海岸巡防處處長許繼祥呈一件，為東沙、西沙兩島對外辦法應按國際通例。擬請提出閣議垂為法案，俾生效例由，呈悉。查前據該局長呈報，有日人數十名在東沙島捕魚，業經本部據情咨請外交部照會日使轉令該日人離島，旋准日使照復已允轉飭該日人離去。東沙島是日使已承認該島確屬中國領土，自無疑義。西沙事同一律，可勿庸提案公布，倘將來再有外人侵入該島，自可依照國際通例辦理。此令。

海道測量局呈東沙電臺經常費及西沙需款請分別迅提閣議力催財部速撥

日期：民國 14 年 11 月 18 日（1925 年 11 月 18 日）

海測密。東沙建臺開工之先，已與港政府洽商計劃從七月間業與香港天文臺晝夜傳報氣象燈塔放光，尤為中外觀聽所集，且曾於港報廣告。今奉令轉港政府商洽各語，佯作不知，揣其用意不外窺我養臺費絀設謀價購，或以地勢重要臺關機密為要求共同管理之。張本總之不語，不近情危機環伺，應請將前呈該臺經常費迅提閣議，以杜覬覦。再東沙工竣即籌西沙需款萬急，並懇一併提議力催財部速撥。

許繼祥

篠

海道測量局呈東沙島關係國際現已設立觀象臺應將該島隸為海軍軍事區域由海軍管轄請鑒核提呈備案

日期：民國 14 年 12 月 6 日（1925 年 12 月 6 日）

呈為東沙島地關係國際，現由海軍設立觀象臺，應將該島隸屬海軍軍事區域謹具事例陳明，仰祈鑒核提呈備案事。竊東沙島為太平洋中之一巨礁，距大陸最近者為香港，計程一百七十海里，按照國際公法之海界解釋，應以何國人民最初居住其土地者即屬何國之領土，局長考察前清宣元廣東官吏與日本交涉一案，所持理由即以該島中最初有小廟一所係我國漁民所建應為我國屬地，此後外國航海圖書內均稱該島隸屬中國，惟該島無我國居民所為隸屬我國者，有其名而無其實。此次鈞部以國土之關係亦海軍之需要，特在該島建築海軍觀象臺並安設燈塔求向各種器械，是該島隸屬我國者不特其名，且有其實，第以觀象之事屬於公安，已與國際發生關係，而該島所立之領海防守、港務管轄諸事，又與自開之海口無異，管轄問題亟應明定。且該處觀象臺內設有無線電機，每日觀象所記外，與日之臺灣、琉球、美之小呂宋、英之香港各天文臺互傳消息，內與中央、膠澳、徐家匯各觀象臺相傳報實，為萬國航海安危，所繫至屬重要，雖蕞爾島地而其管轄之職責，似不能不明為規定，以事實而論，現海軍已在該島設立觀象臺且其間並無居民雜處，應作為海軍軍事區域劃歸海軍管轄負責，以明事權，理合詳陳事例，呈請鈞部察核，即予提呈備案，實為公便。

謹呈

海軍總長

　　　　　　　海道測量局局長許繼祥

海軍部令東沙島關係國際現設觀象臺應將該島軍事區域內海軍管轄一案應准呈府備案

日期：民國 15 年 1 月 14 日（1926 年 1 月 14 日）

令海道測量局局長許繼祥

呈一件，關於東沙島關係國際，現已設立觀象臺，應將該島隸屬海軍軍事區域內海軍管轄，請鑒核提呈備案由，呈悉；應准據情特呈府備案。

此令

海軍部令東沙島隸屬海軍軍事區域歸海軍管轄一案經國務會議議決照辦合亟抄函令仰遵照

日期：民國 15 年 1 月 28 日（1926 年 1 月 28 日）

令海道測量局局長許繼祥

案據前呈：「請將東沙島隸屬海軍軍事區域，歸海軍管轄提呈備案。」等情。當經指令，准予據情轉呈在案。茲准國務院函稱：「奉執政發交貴部，請將東沙島劃作海軍軍事區域歸海軍管轄呈一件，現經國務會議議決照辦。相應函達查照辦理。」等因到部。合亟抄函，令行該局局長即便遵照。此令。

海道測量局呈東沙臺工竣該局負債十八萬餘元懇匯款維持

日期：民國 15 年 3 月 22 日（1926 年 3 月 22 日）

部長鈞鑒：

仁密。東沙臺照原合同建築外，並添造機廠油線、練水池、觀象所、汽帆艇經營墾牧，裨收衛生、康樂之益。頃得東沙電報，除通報膠澳候西門子工程師改換收發機再試驗外完全已竣，本日撤回工人等語；職局負債十八萬餘元，欲避無臺深恐訟端立見。查該臺係職局上代鈞部籌辦，當此危急之秋，非藉鈞部匯款萬難解厄，勢迫燃眉，懇賜設法維持佇盼電復。

繼祥叩

養

海軍部提案據測量局呈請建築東沙島無線電觀象臺經常費每月由財部提前撥付請公決

日期：民國 15 年 3 月 29 日（1926 年 3 月 29 日）

案據本部所屬海道測量局局長許繼祥呈稱：「竊查東、西沙兩島建築無線電觀象臺及燈塔等工程，計共需國幣二十八萬八千元。於上年七月呈由鈞部提出閣議，請由財政部分期撥發，當經過會議議決照辦在案。隨即著手先行舉辦東沙建築工程，於上年十月竣工，業將工程竣事經過情形具呈詳報。現臺工既完竣，臺上一切應辦之事亟待實施，自應訂定常年經費預算，俾便進行而收實效。茲謹先將東沙島無線電臺經費預算詳加擬訂編列

表，呈請檢核並懇提出閣議議決施行。抑更有請者，東
沙島距陸地數百里，海外窮荒孤島，非內地可比。政府
既不惜鉅費以造此觀象之機關，原為保持航海公安，增
進國際地位起見，倘經常養費應付愆期，則職務廢弛，
傳報多訛。關係公安及國際信用，殊非淺鮮。擬請將此
種養臺經費作為最要，列入提前撥付項下，以保公安而
為信用。所有擬訂東沙島電臺經常費預算表，呈請鑒核
提出閣議緣由。理合繕具清摺附表，呈請鑒核施行。」
等情；據此，查該局長所陳各節係為航行保安要政，急
待施行，以保持國際信用起見。所擬每月經費數目，需
九千一百四十五元，亦核實。擬請由財政部如數提前撥
付，俾利進行。是否有當，謹提議案敬候公決。

附東沙島無線電觀象臺經常費預算表

海軍部提案

東沙島無線電觀象臺經常費預算表

計開

項目	薪餉	總計
臺長一員	400 至 600 元	共 600 元
天象技正兼繪算一員	240 至 360 元	共 360 元
天象技士二員	180 至 240 元	共 480 元
電務技正兼工程師一員	240 至 360 元	共 360 元
電務技士二員 一兼副工程師 一兼報房領班	180 至 240 元	共 480 元
航務技正兼護臺艇艇長一員	240 至 360 元	共 360 元
航務技士二員	180 至 240 元	共 480 元
電務收發員三員	120 至 180 元	共 540 元
氣候推測員三員	120 至 180 元	共 540 元
醫官一員	240 至 360 元	共 360 元
護臺艇副長一員	80 至 100 元	共 100 元

項目	薪餉	總計
護臺艇輪機副軍士長二員	80 至 100 元	共 200 元
護臺艇帆纜副軍士長一員	60 至 80 元	共 80 元
護艇帆纜上士二名	40 至 60 元	共 120 元
小電輪帆纜中士一名	40 元	共 40 元
機匠四名 無線電匠二人 燈塔帆桿二人	180 元 140 元	共 320 元
衛兵二十名	30 元	共 600 元
廚役二名	45 元	共 90 元
雜役（農圃、洗衣、剪髮匠及雜役）六名	30 元	共 180 元
		以上薪餉計 6,290 元
無線電油及護臺艇小電輪汽油費		500 元
燈塔及各種機器消耗費		300 元
桅桿修理費		50 元
房屋修理費		50 元
築路費		100 元
醫藥費		100 元
雜費		100 元
膳費 官員二十一員每 30 元 兵役三十五名每 15 元		1155 元
旅費		500 元
		以上雜費計 2,855 元
		以上兩項共計 9,145 元

海道測量局呈東沙島電機損壞另配新機請鑒核備案

日期：民國 15 年 3 月 31 日（1926 年 3 月 31 日）

呈為東沙島電機受水漬損壞另配新件前往裝設，懇請鑒核備案事。竊職局前代鈞部轉向西門子公司訂購二啟羅劃脫真空管無線電報、電話機、求向器等備，在東沙島觀象臺安設，經將各項合同呈報鈞部奉准在案。旋於去年十月初旬將全部機件由滬■■轉赴東沙。經徵發日本淺水汽船久德丸裝運機件及該■■■，經西門子工程師檢視電機備水漬損壞二十三件，當將損壞各件運回上

海，由西門子公司另配新件補充，現該新件已全數到
滬，擬即日轉運東沙裝設。至此次損壞機件價值，據西
門子公司開單，共計美金一萬一千四百三十三元五角五
分，理合先行呈報，以便東沙島觀象臺完全成立後，彙
請鈞部提出閣議追加預算。所有東沙島電機中途損壞暨
補充新件情形，謹附西門子公司來單，伏乞鑒核備案。
謹呈
海軍部長

國務院函海軍部提議東沙電臺經費預算一案議決海財兩部核復再議請核辦

日期：民國 15 年 4 月 7 日（1926 年 4 月 7 日）

逕啟者：

准貴部提議東沙島無線電觀象臺經常預算表，請由財政
部如樹提前撥付一案，現經國務會議議決交：「海軍
部、財政部核復再議。」等因。除分行外，相應函達貴
部查核辦理。

此致

海軍部

海道測量局呈東沙觀象臺養費墊借鉅資無力再籌懇請迅賜撥發

日期：民國 15 年 4 月 14 日（1926 年 4 月 14 日）

呈為東沙觀象臺養費墊借鉅資無力再籌，懇請迅賜撥發
事。竊職局上代鈞部建築東沙觀象臺燈塔電機早經安
置，按月經常養費，因事關國際，未可停頓，暫由職局

先行籌墊節，經呈請暫照預算批照准，各在案。查東沙
臺經費先後墊發各項，已及三萬九千三百餘元或息借銀
行，或移緩就急，羅掘俱窮挹注無術，派出各員職掌重
要海嶠，轗棲流為餓莩，亦且貽誤要公，礙及國際體
統，理合瀝情懇請鈞部，俯念職局此時借無可借，挪無
可挪，迅賜將前項數目發還歸墊，並將按月養費如其給
頒實紉德便。

謹呈

海軍部長

　　　　　　　　　　海道測量局局長許繼祥

海軍部函東沙島電機損壞提議追加萬難通過

日期：民國 15 年 4 月 16 日（1926 年 4 月 16 日）

上海道仁密：

接三月卅一日呈稱：「東沙島電機損壞，另配須追加美
金一萬一千餘元。」等語。現財政困難達於極點，提議
追加萬難通過，應緩辦為妥。

　　　　　　　　　　　　　　　　　海部

　　　　　　　　　　　　　　　　　銑

海軍部令關於節制東沙島無線電觀象臺應責成海岸巡防處監督辦理理合令仰該處長遵照

日期：民國 15 年 4 月 17 日（1926 年 4 月 17 日）

令全國海岸巡防處處長許繼祥

據海道測量局呈稱：「東沙島無線電觀象臺建設已經竣
事，按照通例應直隸於海軍部長。至於該臺遠在海外，

如何節制則屬乎命令之事，應由海部飭令海軍總司令或全國海岸巡防處監督辦理。」各等情。查觀象臺係航海公安，屬巡防處要政，自應責成海岸巡防處監督辦理，以資熟手而利進行，合亟令仰該處長遵照辦理，可也。

此令

海道測量局呈西沙島應據東沙成案劃作海軍軍事區域請鑒核提呈備案

日期：民國 15 年 4 月 28 日（1926 年 4 月 28 日）

呈為西沙島地處要區，應援東沙成案劃作海軍軍事區域，仰祈鑒核提呈備案事。竊東沙、西沙兩島奉令建立海軍觀象臺，前因東沙臺工告竣，呈請鈞部提呈將東沙島劃作海軍軍事區域。奉訓令第九號內開：「案據前呈：『請將東沙島隸屬海軍軍事區域歸海軍管轄提呈備案。』等情。當經指令准予據情轉呈在案。茲准國務院函稱：『奉執政發交貴部，請將東沙島劃作海軍軍事區域，歸海軍管轄呈一件。現經國務會議議決照辦。相應函達查照辦理。』等因到部。合亟抄函令行該局長即便遵照。此令。」等因各在案。現西沙建設事宜，業已派員前往察勘，計畫進行該地與東沙同為海南要區。擬請援照東沙成案，將該島地作為海軍軍事區域，以利興工而明管轄。理合呈請鈞部察核，迅予提呈備案，實為公便。

謹呈

海軍部長

海道測量局局長許繼祥

海軍部令關於東沙臺墊款該款由何借來已領財部若干應分別報明核辦及工程告竣後即報部便派員驗收合令仰遵照辦理

日期：民國 15 年 5 月 6 日（1926 年 5 月 6 日）

令海道測量局局長許繼祥

案據三月養電稱：「東沙臺工已竣。職局負債十八萬元，懇賜設法維持。」等情。經於豔日，以大局稍定，即行設法催促財部速撥等語，電復知照在案。茲復據軍務司陳司長面陳該局：「代部墊付鉅款力盡筋疲，無以為繼。」等情。查該局墊款至十八萬餘元之多，該款係由何處借來，已由財政部領過若干，均應分別報明以憑核辦。東沙工程完全告竣時，應即詳細報部，以便派員前往驗收，合行令仰遵照辦理。此令。

海軍部令東沙電臺經費預算案閣議以該臺款數人數過鉅令仰詳為酌減呈候核辦

日期：民國 15 年 5 月 7 日（1926 年 5 月 7 日）

令海海道測量局局長許繼祥

准國務院函開：「准貴部提議：『東沙島無線電觀象臺經常費預算表，請由財政部如數提前撥付一案，現經國務會議議決交海軍部、財政部核復再議。』等因。除分行外，相應函達貴部查核辦理。」等因。查此案提出閣議時，僉以為用人太多、款數過鉅，是以未予通過。合行抄錄議案，並預算表令仰將款數、人數詳為酌減，呈候核辦，可也。此令。

附抄錄案並附表

全國海岸巡防處呈東沙軍區重要謹陳監督辦理職權請提呈公布

日期：民國 15 年 5 月 17 日（1926 年 5 月 17 日）

呈為東沙軍區重要事寄必專，謹陳監督辦理職權，仰祈鑒核提呈公布事。奉鈞部訓令第二二號內開：「據海道測量局呈稱：『東沙島無線電觀象臺建設已經竣事，按照通例應直隸於海軍部長。至於該臺遠在海外，如何節制則屬於命令之事，應由海部飭令海軍總司令，或全國海岸巡防處監督辦理。』各等情。查觀象臺系航海公安，屬巡防政要，自應責成海岸巡防處監督辦理，以資熟手而利進行，合亟令仰該處長遵照辦理，可也。此令。」等因；奉此，查東沙據陸數百里，乃太平洋中之沙洲，面積僅一千九百餘畝，昔西人至其地，稱該州曰 Pratas Shoal，至今海圖上仍沿此名。前清時日本人西澤曦舟來此築路建屋，豎立明治四十年碑記稱之曰西澤島。宣統元年間與日政府交涉，證明日人未到之前即有福建漁民在導中樹木間供有神像，委係華人首先在島經營，核諸國際公法島屬中國，自後各國航海圖書乃公認為中國轄土，此為東沙之歷史。查該島遠隔大陸數百里，稱為國土苟不負守衛之責，則徒法不能自行，仍為有名無實，職處恭讀鈞部訓令海道測量局第九號內開：「案據前呈請將東沙島隸屬海軍軍事區域，歸海軍管轄提呈被案，等情。當經指令准予據情轉呈在案。茲准國務院函稱：『奉執政發交貴部，請將東沙島劃做海軍軍事區域，歸海軍管轄呈一件。現經國務會議議決照辦。相應函達查照辦理。』等因到部。合亟抄函令行該局長

即便遵照。此令。並附抄函。」等因。仰見明燭，戎機曷勝欽佩。現該島劃為海軍軍事區域，內設無線電觀象臺、求向臺、航海燈塔實為萬國航行所關，亦為中樞戎機所繫，欲圖海隅之鞏固，應謀島地之安全。島內墾植、築路、衛生、郵政應即著手施行，島外濬港、理船、巡緝亦宜次第興辦，此皆領海主權之所繫，即為中外視聽之攸關。至禁止航空窺探及限制外人登陸，則又屬乎軍事範圍，均應慎重措施藉副。鈞部睠懷南服之至，意該地雖彈丸撮土，而施行軍區管轄權與軍港商埠之體制事同一律，不能以小而疎，職處奉令監督辦理上陳各節，必有完全之布置始敢責任之肩承，所東沙軍區重要事寄必專緣由。是否有當，謹陳監督辦理職權，伏乞鑒核提呈公布，實為公便。

謹呈

海軍部長

全國海岸巡防處處長許繼祥

海道測量局呈遵令核減東沙觀象臺經費預算表

日期：民國 15 年 5 月 19 日（1926 年 5 月 19 日）

呈為遵令呈復事。竊奉鈞部令開：「准國務院函開：『准貴部提議東沙島無線電觀象臺經常費預算表，請由財政部如數提前撥付一案，現經國務會議議決交『海軍部、財政部核復再議』等因；除分行外，相應函達貴部查核辦理。』等因。查此案提出閣議時，僉以為用人太多、款數過鉅，是以未予通過，合行抄錄議案並預算表令仰將款數、人數詳為酌減呈候核辦，可也。此令。」

等因；奉此，查東沙島孤懸海外係屬一片沙礁，隱伏於
警風駭浪之中，鬱為煙瘴，此次建臺工人染瘴死亡達
六十餘人之多，使薪餉不略事優給無以激嚮往之忱，
且健康診察較增費用。該處交通險阻，一切飲膳服用
均須取給，內地運輸困難且多損失。前定薪餉尚無過
鉅，該觀象臺員有觀象無線電報求向器三種任務，並
附船艇擔任護臺救難、運輸事項。所擬員兵皆因事定
額，難以核減，茲奉鈞令勉為遵節，擬在西沙未建電
臺之前，航務科事務較簡酌，減航務技正一員、航務
技士一員並裁機匠二名、衛兵四名，又雜費項下減去
一千一百五十五元僅加臺長公費二百元。以上共減一
千八百五十五元，實屬無可再減。理合具文附表、附呈
鑒核施行，實為公便。

謹呈

海軍部長

　　　　　　　　　　海道測量局局長許繼祥

附東沙無線電觀象臺經常預算表一份

海道測量局呈東沙臺設備竣事遵令移交巡防處監督請派員驗收並陳經過情形

日期：民國 15 年 6 月 18 日（1926 年 6 月 18 日）

呈為東沙臺設備竣事，謹遵令移交海岸巡防處監督，並
請派員驗收，謹瀝陳經過情形，仰祈准予結束事。竊
職局奉令，上代鈞部建設東沙無線電觀象臺。去年夏
間，馬可尼電臺早經建設，秋間土木工程即已告竣，觀
象器械亦已備齊。惟德律風根真空管大電機約明通電

一千二百英里者，因一部份機具轉運損壞，趕向德國另購，機到之後又值颶風當令，今春方得運達該島裝置既竣，而較準之。西門子工程師以海道險阻，商租香港政府專船慎擇海上晴和，天氣又濡滯不前，直至本月初旬，方能通電膠澳節，經先後文電呈報在案。現該臺無線電有兩副之機關觀象，有完美之器械、員役，有安全之供給，有汽油、軍械之庫練水修械之場，有輕便鐵路，有起卸船機、畜雞豚狗羢、種花木菜蔬。其島港之內，有汽船、帆船、小艇。現正著手開濬港道，以供大船停泊。至於觀象電務人才，均經分別訓練，挑選適合資格；日、美各國軍艦疊次來島拜會參觀，均稱盡美盡善。職局長明知財政困難，而鑒於海上觀象之重要，怵於各國視聽之注集，國際間體面所在，百計摒擋，期副鈞部委任之重，但無米為炊。所有逼債經過之事，進退狼狽之私，實無從形諸著墨。前項所需費用，達二十餘萬元，僅領到財政部洋二萬五千元。而職局自去夏迄今，又僅由鈞部領到行政費一千餘元。其海關所撥之款，約明專供測繪技術，絲毫不能挪動，或向巡防處暫為借撥，或用該機關名義向外賒欠，而該處備累幾至，受人訟控，凡茲皆為我機關內部之事，所幸國際體面尚未隕越貽羞。現建設事竣，除西門子無線電機只付一成，尚欠美金三萬八千六百餘元，該處無力撥付。擬請由部飭司儀轉債務外，其巡防處所借之款，應懇速催財部照通過之按速撥歸墊；至該臺執行任務，前奉鈞部明令，歸巡防處監督，謹於本日先行移交該處。至上陳一切建設，並請派員驗收，俾資結束。所有東沙臺設備竣

事，謹遵令移交海岸巡防處監督並請派員驗收緣由。是
否有當，謹瀝陳經過情形，伏乞鑒核示遵。

謹呈

海軍總長

海道測量局局長許繼祥

海軍部令東沙電臺已能與膠澳各電臺通報請派員驗收並電總司令派艦閱臺仰即遵照

日期：民國 15 年 6 月 19 日 （1926 年 6 月 19 日）

令海道測量局局長許繼祥

電呈一件，為東沙電臺已能與膠澳各電臺直接通報，請
派員驗收並電總司令派艦閱臺由，陽電悉。除已令行海
軍總司令，遴派專門人員前往詳細驗收具報外，仰即遵
照。此令。

海軍部呈西沙島請援東沙成案作為海軍軍事區域咨呈查照備案

日期：民國 15 年 6 月 21 日 （1926 年 6 月 21 日）

呈為東沙、西沙島對外辦法應按國際通例。擬請提出閣
議垂為法案，俾生效力事。海軍部為咨行事。案查東
沙、西沙兩島關係國際主權，甚為重大。前據本部所屬
海道測量局局長許繼祥呈請撥款在該島設置無線電觀象
臺，並請將東沙島劃作海軍軍事區域，歸海軍管轄等
情，均經國務會議議決照辦各在案。茲復據該局長呈
稱：「西沙島建設事宜，現已派員前往察勘計畫進行。
該島與東沙同為海南要區，擬請援照東沙呈案，將該島

等地亦劃為海軍軍事區域，以明管轄而保主權。」等
情。查該局長請援東沙成案，亦以西沙島作為海軍軍事
區域事屬可行，自應照准。相應據情咨呈國務總理。

海軍部令東沙觀象臺已能通報令行遴員前往詳細驗收具報

日期：民國 15 年 6 月 23 日（1926 年 6 月 23 日）

令海軍總司令楊樹莊

案據海道測量局電稱：「東沙觀象臺電機云云錄至，結
束手續。」等情；據此，合亟令行該總司令，遴派專門
人員前往詳細驗收具報。此令。

海道測量局呈下月十日以前請飭容艦赴港並附搭中外人員參視東沙島電臺乞覆

日期：民國 15 年 6 月 23 日（1926 年 6 月 23 日）

遴啟者：

東沙島無線電觀象臺業經設備完全，前奉貴總司令允派
海容軍艦前往閱臺。現徐匯、中央、膠澳各觀象機關均
派員到臺參觀。相應函商貴總司令飭令該艦於下月十日
以前到港，以便參觀中外人員附乘前往。敬希察照見
復，為荷。

此致

海軍總司令

許繼祥

海軍部令派專門人員驗收東沙島觀象臺電機具報

日期：民國 15 年 6 月 23 日（1926 年 6 月 23 日）

令海軍總司令楊樹莊

案據海道測量局電稱：「東沙觀象臺電機已與吳淞、膠澳各電臺直接通報設備完全，謹遵令電部派員驗收，並請電總司令派艦閱臺，俾得早日領款歸墊，結束手續。」等情；據此，合亟令行該總司令，遴派專門人員前往詳細驗收具報。此令。

海軍總長杜錫珪

馬尾陳司令電容艦正在趕修須兩星期方竣士兵皮鞋懇飭帶閩

日期：民國 15 年 6 月 26 日（1926 年 6 月 26 日）

署仁密漾電敬悉。已飭將容艦收束修理，現日夜趕工，須兩星期方仍完竣，屆期季良當親往參觀。再士兵皮鞋、懇飭王艦長帶閩為禱。

季良叩
宥

馬尾陳司令呈容艦到港是否與許局長接洽參觀員附搭膳宿器具乞囑巡防處預備

日期：民國 15 年 6 月 29 日（1926 年 6 月 29 日）

署仁密宥電計達。此次容艦派赴東沙，到港時是否與許局長接洽參觀員，附搭容艦必須過夜。查該艦膳宿器具均缺，乞囑巡防處預行籌備，以免周章。

季良叩
豔

海軍總司令公署函海容趕工修理須兩星期方能開往東沙

日期：民國 15 年 6 月 30 日（1926 年 6 月 30 日）

敬啟者：

接准臺函以：「東沙島無線電觀象臺已設備完備，請飭海容軍艦於七月十日以前到港，以便參觀人員附乘發往」等由，當經本署電知陳司令轉飭知照在案。茲據宥電覆稱：「容艦收束修理，現日夜趕工，須兩星期方能完竣開往。」各等情；相應函達貴處查照。

此致

全國海岸巡防處

海軍總司令公署令飭前往東沙驗收觀象臺電機

日期：民國 15 年 6 月 30 日（1926 年 6 月 30 日）

令本署電務課課長陳可潛，案奉海軍部令開：「據海道測量局電稱：『云云照敘。』遴派專門人員發往詳細驗收具報。」等因。查東沙觀象臺已告成，業由本署電知陳司令轉飭海容軍艦，於七月十日以前開港，以便參觀人員附乘前往在案。茲奉部令前因，合亟令仰該艦長酌帶諳熟電務人員即日赴港，附搭容艦前往東沙，將該臺電機等項詳細驗收，仍將辦理情形具報，以應呈部察核。

海軍總司令公署函知照派電務課課長前往東沙驗收電機

日期：民國 15 年 6 月 30 日（1926 年 6 月 30 日）

逕啟者：奉海軍部令開：「據海道測量局電稱：『云云敘至。』前往詳細驗收具報。」各等情。茲經本署遴派電務課課長陳可潛，酌帶熟電務人員前往驗收。除令飭遵照外。相應函達貴局查照。

此致

海道測量局

海軍部電請派艦隊司令乘客艦前往東沙島行開臺禮

日期：民國 15 年 7 月 2 日（1926 年 7 月 2 日）

上海署仁密東電悉。許局長請派艦隊司令乘客艦前往東沙島行開臺禮一事，應由該總司令酌辦，可也。

海部

冬

全國海岸巡防處函復參觀電臺中外人員其接洽供張均由處派員辦理

日期：民國 15 年 7 月 5 日（1926 年 7 月 5 日）

逕復者：

頃接貴署函開，接陳司令豔電稱：「此次容艦派赴東沙，到港時是否與許局長接洽，參觀員附搭容艦必須過夜。查該艦膳宿器具均無設備，乞轉巡防處預行籌備以便招待等語；相應函達查照，即煩籌便一切並見復，為

荷。」等由。查中外參觀人員附搭容艦赴臺一事，本處現已派定書記官長李國燾到港接洽。其一切供張，亦均由本處辦理。茲准前由，相應函復即希查照，為荷。

此致

海軍總司令

許繼祥

海道測量局函送建築東沙島電臺全份卷宗

日期：民國 15 年 7 月 5 日（1926 年 7 月 5 日）

逕復者：

頃准函開：「奉海軍部令開：『據海道測量局電稱：『東沙島觀象臺電機已與吳淞、膠澳各電臺直接通報設備完全，謹遵令電部派員驗收，並請電總司令派艦閱臺，俾得早日領款歸墊，結束手續。』等情。據此，合亟令行遴派專門人員前往詳細驗收具報』各等因。茲經本署遴派電務課課長陳可潛，酌帶諳熟人員前往驗收。除令飭遵照外。相應函達貴部查照。」等由。查東沙島海軍觀象臺係本局奉海部令代部建築設備。茲准前由，自應遵令將一切合同及交涉文件移送貴署，並令西門子工程師隨同貴署委員陳課長可潛，前往東沙詳細點交，以憑檢驗俾清手續。除將官於該臺建築設備全份卷宗隨函送達，以資結束外。相應函請查照辦理，為荷。

此致

海軍總司令

許繼祥

海軍部電東沙開臺典禮多有外人參觀請派許局長尅日親往以便接洽

日期：民國 15 年 7 月 8 日（1926 年 7 月 8 日）

上海道仁密。東沙開臺典禮，據總司令電稱：「業派陳司令於文日乘海容前往，取道香港。」又據該局長函稱：「各處觀象臺臺長、九龍關稅務司暨香港總督隨帶三員，均同往參觀。」等語。事關重要，且有國際關係，著該局亦乘海容同往，以資接洽，而昭慎重為要。茲已電總司令轉飭海容，候該局長到時開行。

海部
齊

海軍部電海容候許局長到時開行

日期：民國 15 年 7 月 8 日（1926 年 7 月 8 日）

上海署在密，陽電悉。已飛電許局長亦乘海容同往，希飭海容候該局長到時開行。

海部
齊

海軍部電海容艦務候許局長到時方可開行

日期：民國 15 年 7 月 8 日（1926 年 7 月 8 日）

馬尾海容軍艦仁密。東沙行開臺典禮，據總司令電：「派陳司令於文日乘海容前往。」等語；除電復並電令許局長亦乘海容同往外，該艦務候許局長到時，方可開行。

海部
齊

海軍部令查東沙島業為軍區歸部轄在案仰該處長即便依法行使

日期：民國 15 年 7 月 8 日（1926 年 7 月 8 日）

令全國海岸巡防處處長許繼祥

呈一件，為東沙軍區重要事寄必專，謹陳監督辦理職權，仰祈鑒核提呈公布由，呈悉。查東沙島業經公布，作為海軍軍事區域，歸海軍管轄在案。是行使監督辦理東沙觀象臺職權，無須再行提呈公布，仰該處長即便依法行使，可也。此令。

海軍部令關於海道測量局呈復核減東沙島無線電觀象臺經常費案請議提前撥付

日期：民國 15 年 7 月 10 日（1926 年 7 月 10 日）

令海道測量局局長許繼祥

前據本部所屬海道測量局局長許繼祥呈稱：「竊查東沙、西沙兩島建築無線電觀象臺及燈塔等工程，計共需國幣二十八萬八千元。於上年七月，呈由鈞部提出閣議，請由財政部分期撥發，當經國務會議議決照辦在案。隨即著手先行舉辦東沙建築工程業已竣工，並將工程竣事經過情形具呈詳報。現臺工既經完竣，臺上一切應辦之事亟待實施，自應訂定常年經費預算，俾便進行而收實效。茲謹先將東沙島無線電觀象臺等項經常費預算詳加擬訂，編列成表，呈請鑒核並懇提出閣議施行。抑更有請者，東沙島距離陸地數百海里外，窮荒孤島非內地可比。政府既不惜鉅費，以造此觀象之機關，原為保持航海公安，增進國際地位起見，倘經常養費應付愆

期，則職務廢弛，傳報無恒。關係公安及國際信用，殊
非淺鮮。擬請將此種養臺經費作為最要列入提前撥付項
下，以保公安而為信用。」等情；附呈東沙島電臺經常
預算表到部。查每月經費數目共需九千一百四十元，經
於本部詳為核減再議，旋由本部令飭海道測量局將表內
所列款項人數詳為酌減，呈候核辦去後，茲據該局局長
許繼祥呈復稱：「查東沙島孤懸海外，係屬一片沙礁云
云照原呈錄至，理合，具文附表、附呈鑒核。」等情。
查核該項預算表比前表共減去一千八百五十五元，據稱
無可再減，尚屬實情。所擬每月經費除核減外，尚需
七千二百九十元，應請由財政部如數提前撥付，俾利進
行，以保海上公安，而維國際信用。是否有當，謹附抄
東沙島無線電觀象臺經常費預算表一份，提出議案，敬
候公決。

附表一份

國務會議函海軍部提議東沙電臺經費請由財部提前撥付一案業經議決交財部轉稅務處照撥

日期：民國 15 年 7 月 14 日（1926 年 7 月 14 日）

逕啟者：

准貴部提議：「東沙島無線電觀象臺每月經費，實需七
千二百九十元，請由財政部提前撥付；附抄預算表一
份敬候公決。」等因。茲經國務會議議決交財政部轉
稅務處照撥。除分函財政部外。相應函達貴部查照。

此致

海軍部

海軍部電海容陳司令查照東沙臺設備竣事請派員驗收具報

日期：民國 15 年 7 月 21 日（1926 年 7 月 21 日）

上海道仁密。轉海容陳司令，據測量局許局長呈以：「東沙臺設備竣事，請派員驗收。」等情。合亟電令該司令查照，順便驗收具報。

海部
馬

海軍部令關於提議東沙島電臺經費案經議決交財部轉稅務處照撥合行令仰遵照議案並附表隨令抄發

日期：民國 15 年 7 月 22 日（1926 年 7 月 22 日）

令海海道測量局局長許繼祥

案准國務院函稱：「准貴部提議東沙島無線電觀象臺，云云照原函錄至。相應函達貴部查照。」等因；合行令仰遵照辦理議案，並附表隨令抄發。此令。

附抄件

海軍部令請派員驗收東沙臺案已電令陳司令驗收具報財部所欠建設等費應詳細專文敘明呈部核轉

日期：不詳

令海道測量局局長許繼祥

呈一件，關於東沙臺設備竣事，遵令移交巡防處監督，請派員驗收並陳經過情形由，呈悉。所請派員驗收一節，業於馬日電令陳司令於前往東沙開臺典禮之便，並為驗收具報矣；至請催財部將所欠東沙建設等費速撥歸墊一節，究竟尚欠若干，應詳細專文敘明，呈部核轉，可也。此令。

馬尾陳司令呈報前往東沙臺行開禮並驗收該臺儀器機件各項造冊請備案

日期：民國 15 年 8 月 2 日（1926 年 8 月 2 日）

呈為呈報事。前奉總司令公署電令開：「東沙觀象臺落成，仰該司令乘海容即日前往行開臺典禮。」等因。復奉總司令公署轉奉鈞部馬電開：「據測量局許局長呈以：『東沙臺設備竣事，請派員驗收。』等情。合亟電令該司令查照，順便驗收具報。」等因；奉此，季良遵於七月十二日由閩乘海容前往香港，到港後適值颶風，陡發延擱數日，始於二十五日同測量局許局長並中外參觀來賓，乘海容開往東沙。二十六早晨抵泊東沙島，即登岸舉行觀象臺開臺典禮，是日並驗收觀象臺無線電臺、燈塔各部。查觀象臺關於推測氣候儀器頗為完善，無線電臺之收發機電力可達一千二百海里，平時與吳

淞、膠澳等處天文臺互通氣候變化消息。燈塔一座為
（AGA）五百枝光係銅格子製成，高出地面一百二十
尺，每三秒鐘閃光一次，其光力可達十七海里，理合將
驗收東沙觀象臺無線電臺、燈塔之儀器、機件、傢俱等
項，造具清冊一本，備文呈請察核備案，實為公便。

謹呈

海軍總長杜

附呈清冊一本

　　　　　　　　　　海軍第一艦隊司令陳季良

謹將驗收東沙島觀象臺、無線電臺、燈塔之儀器、器
械、機件、傢俱各項造具清冊，呈請鑒核。

計開

觀象臺項下

項目	數量	備註
自動信風機	一副	Dines's Pressure Tube Anemograph
日光紀錄器	二具	Campbell Stokes Sunshine Recorder
水銀氣壓表	一架	Tonnelot Mercurial Barometer
新式氣壓表	二具	New Pattern Barometer
高低兩用寒暑表	一具	
最高寒暑表	一具	
最低寒暑表	一具	
乾濕度寒暑表	一具	
時鐘	一架	
自動氣壓表	一具	
自動寒暑表	一具	
驗濕器	一具	
雨量器	二具	
自動測雨器	二具	
驗雲器	二具	
雙眼望遠鏡	二具	
裝稜羅經	一架	
海圖	九張	

項目	數量	備註
應用書籍	八冊	
洗面架	八張	
大棹	十張	
小棹	二十張	
藥櫥	一架	內存西藥五十瓶
木椅	三十五張	
藤椅	四十八張	
長椅	四張	
椅條	十九張	
衣櫃	五張	
浴盆	一個	
行軍床	一張	枕褥全
雙層木床	九架	枕褥全
飲食傢俱	十五份	
廚房傢俱	全	
柚木汽艇	一艘	長三十尺馬力十二匹
漢陽廠步槍	十枝	子彈八百二十五粒
野砲	一尊	子彈八粒
炸雷	自動二粒	
手槍	一枝	子彈五十粒

無線電臺項下－天線部

項目	數量	備註
T 字形燐銅絲天線	一副	白磁隔電器引進管及其他附屬品全
避雷開關	一個	
埋雷銅版	一張	

無線電臺項下－地網部

項目	數量	備註
燐銅絲地網	全副	隔電器引進管及其他附屬品全
避雷開關	一個	

無線電臺項下－發電部

項目	數量	備註
（Beny）式十四匹馬力五百轉黑油引擎	一部	連同皮帶、滑輪、中部加油裝置、飛輪、燃料桶、燃料接管及濾器、鑄鐵放器箱、機座螺釘及機座板、家具一付、水桶一個

電汽馬達抽水機	一部	連同自動起動機及接線出汽冷卻水管一付、燃料等皮帶一條、耐濕十個啟羅瓦特一百十五至一百六十華而脫
發電機	一部	連同電壓調整器、活動枕軌機座、螺釘及滑輪等件
充電開關石板	一付	連同各種電表、自動保險開關、電池開關及附件
小號開關石板	一副	為六及五時華而脫蓄電池充電之用，連有燈泡座子開關及電表
子式蓄電池 X式蓄電池	三十九個 四十二個	分座式排連同附件枕木隔電器試驗箱比重表等

無線電臺項下－無線電部

項目	數量	備註
兩座變流電機（直流馬達交流發電機）起動開關石板	一副	連同應用電表起動器及速度調整器
真空管板路用變流電機	一付	計一百一十華而脫直流馬達一具，直連於五開，惟表五百週數交流發電機一具
真空管燃絲路用變流電機	一副	計一百一十華而脫直流馬達一具，連於三開，惟表五百週數交流發電機一具

（一）2/1.5BZT 式真空管五種波長發報機　一副
－連有間接電路，其重要部份如下
－BS47 式真空管二具
－BG46 式改流真空管二具
－間接電路裝置一副
－天線配合及調整裝置一副
－莫爾司發報鍵一具
－發報繼電器一具

（一）附裝無線電發話機件內容如下
－發話筒裝置連炭粒
－初步放聲裝置一箱，內用 BO 式真空管一具
－初步放聲裝置一箱，內用 OB 式真空管一具
－德律風裝置一箱，內用 B5 55 式真空管一具

項目	數量	備註
（一）各項用品計列下		
一 真空管計 B5 47 式二具		
一 B5 55 式二具、BG 46 式十二具、BO 式二具、OB 式二具		
一 EW16 式鐵阻力線四副、發話筒炭粒十副、發報鍵接觸粒一副、繼電話接觸粒一副 燃燈泡用 A6V 蓄電池五副、C50V 蓄電池三副		
一 自動收發報總開關一副、連一百一十華而脫馬達一具、0.26 安培 天線電流表一具、大變壓器一具、減輕電浪蓄電器一副、電壓調整器一具		
一 小發報繼電器用網形裝置一副、大發報繼電一具、無線電話用 1500 歐姆阻力器二個、電機用蓄電器一具、備用高週保險線四個		
一 電纜電線隔電器及管子全副，為連接真空管發報機於變流機天線及地網之用		
一 電浪表一具，連蜂音器及量一百五十至七千二百米突用各線圈		
一 量阻力箱一具、傢俱一箱		
（一）收報機全副內容列下		
一 E266 式收報機三具，連可收至二萬米突電量之各線圈真空管三個及附件		
一 低週數兩級放聲器一具，連真空管二個及附件		
一 電壓表一具、聽音器一具		
一 二安培保險線半打，為裝機線路備用之一		
一 無線電話備用阻力器二個		
（一）火花發報機一部		
一 電壓調整器一具、起動機一具、天線白磁引進管一個、傢俱一箱、高週保險線二個、保險盒一個		
一 收發開關一個、交流阻電圈一個、油壺一個、天線阻電器三個、白磁引進器二個、擦火花極平板一個		
（一）發報機用品列下		
一 鐵架一個、火花器一副，內有火花板十三片、火銅版七片、雲母環六個、火花板桐夾四個、配合線環一個、天線調整線環一副		
一 6000 生的米突萊頓瓶三個、天線環一個、天線電流表一個、變流電機一付、發報鍵連銅接觸粒一副、變壓器一個、天線三百米突、天線鎖三個、銅接環十個、大天線阻電器六個、小滑輪一個、鋼絲索一百二十米突、襯圍十個		
（一）E276A 式探向收音機全副		
一 探向器座連刻度盤及手轉輪一副		
一 收音器連高週放音器及干涉發音器一副		
一 三支銅條組成副天線一副		
一 一號至四號圓架環式天線四副		
一 一號至五號干涉發音器線環五副		
一 RE115 式真空管四具、RE11W 式真空管一具連鐵阻力線		
一 EH77 式聽音器一個		
一 六華而脫電燈一個		
一 EV255 式放音器一個連 RE115 式真空管四個		
一 EZ249 式插頭一個、五十華而脫 B 蓄電池一副、六華而脫 A 蓄電池一副、BE115 式真空管四個、BE11W 式真空管一個		

電燈機項下

項目	數量	備註
汽油引擎及發電機	一副	連傢俱
三十二華而脫蓄電池	一副	計十六瓶
十六光燈	二十七盞	移動電燈五盞、手電燈三盞
三十二華而脫電扇	二副	一百一十華而脫電扇三副

燈塔項下

項目	數量	備註
鋼格子燈塔	一座	
AGA 五百枝光弧燈	一座	
自動揳光器	一件	
煤氣貯存器	十座	

海道測量局呈西沙建臺擬擇茂林島附呈影片候鑒核

日期：民國 15 年 8 月 4 日（1926 年 8 月 4 日）

呈為西沙建臺擬擇茂林島據情轉陳，仰祈鑒核訓示事。
職局前奉鈞令建設東沙、西沙兩島觀象臺，東沙設臺竣
事，遵令移交海岸巡防處監督節，經呈報在案。現從事
建設西沙觀象臺，查西沙群島海圖中分為三組，其稱
為月形組者（Crescent ground）共有六島，曰 Pattle、
Robert、Money、Duncan、Drummond、Observation、
Rock；海神組者（Amphitrite ground）共有四島，曰 Tree、
Rocky、Woody、Loaita。其在群島之東又有三島，曰
Lincoln、Pyramid Rock、Triton。以上十三島，應依目
前施工之便利，及日後泊船之安全為選擇建臺之標準。
職局長前於六月間商海關總稅務司借用海清巡船，並派
東沙觀象臺代理臺長許慶文乘坐該船，由香港開往西沙
各島察勘地點。茲據復稱：「七月四日察勘西沙以東，

各島地形與錨位不甚適宜。次日行至海神組各島，茂林一島 Woody Island 為該組中最大長者，闊約一英里，環島之濱盡係白沙，島中樹木茂盛，群鳥翔集，有鋼質碼頭一座，長約七百尺。島之南據報水深六托，內有新屋數間、輕便鐵路三道，日人百餘名採取鳥糞，用輪船裝載大約二千噸。查該島建臺應運重料，既有碼頭、鐵道可供起卸大船，又可停泊島中叢林，夏可蔽日，秋冬可禦風。島之北高五十尺，可造航海燈塔，在此建臺最為便利，請核定。」等情；並據報海清船長Toll 來滬面陳目覩情形，意見相同並交攝影四紙前來，查茂林島在東經一百十二度二十一分，北緯十六度五十分。既經詳細履勘認為建臺最稱便利，似可即為決定。再西沙十三島，經於前清光緒三十四年或宣統元年特派軍艦前往立碑、升旗、鳴炮，自後航海各書亦均認各該島係中國領土主權，管轄問題當無疑義。合併陳明所有西沙建臺，擬擇茂林島緣由。是否有當，當謹據情轉陳，並附攝影四紙伏乞鑒核訓示。

謹呈

海軍總長

附茂林島照片四張（略）

海道測量局局長許繼祥

海軍總司令公署電務課呈報驗收東沙島電臺機件概況

日期：民國 15 年 8 月 13 日（1926 年 8 月 13 日）

呈為陳報驗收東沙島無線臺機件概狀，仰祈鑒核事。竊可潛等奉派前往實地察看，係由香港隨乘海容軍艦，於七月二十六日下午二時抵東沙島。因容艦定於本晚八時啟碇回港，可潛等六時離，該島察看時間異常短促，未能詳細逐件試驗，遂向西門子公司工程師及該臺鄒工程師接洽逐步察看。今就察驗大概情形據實呈報如左：

「一、鐵桅兩座，高各二百五十英尺，係角鐵方架，上下寬闊。相同鋼絲拉索上下共五層，每層計用四索。大致尚屬堅固，惟鐵桿由上至下不能垂直，微向掛天線一方作曲形，似係優缺點，兩桅皆然；二、天線，係 T 字式三線平行，每線約長三百二十英尺。地網係八線並列，均用木柱及磁頭架設，大致合用；三、黑油引擎及十啟羅瓦特職流電機一座，係作充電於蓄電池之用。查合同應配二百九十安時蓄電量六十個，形式大小相同。現查形式相同較大者，計三十九個，其餘二十一個係用較小之四十二個代用；四、真空管式發報機壹部，係用變流機兩座經過變壓器至改流真空管兩具，再至發報真空管兩具，生高週電流由天線發射。當即略加試驗各機運用，似無疵弊，惟高壓電表一具已壞，尚未補配，兩種真空管亦各壞一具，現以備用者代替；五、該臺附裝火花式發報機一部，為與距離較近，通用六百米達電浪船舶通電之用。查巡防處移來文件明言此項發報機之變流機出電量為二啟羅瓦特，天線出電量為一啟羅瓦特。

現查所裝變流器，僅百分之七十五啟羅弗蘭安培，相差甚具。當即試驗天線電流，最大僅五個半安培，機件與文件不符，未悉何故；六、探向收音器一部，為助來往船舶尋查方向之用，試驗時僅有喧聲，據西門子工程師言略有疵病，可潛等即囑具修正，但離島時，尚未修竣；七、收報機，係三副形式相同者連續應用，本為減少他臺喧鬧之用並加放聲器一具，以增音響。該臺因平時無多，他臺喧鬧，僅用收報機一副連於放聲器所有。此項收報機真確效率，因當時未曾通報，無從試驗；八、照合同該臺應能與青島直接通報，但係用接續式電浪及特定波長，不能隨呼隨應。該臺所定與青島通報時間係上午八點、下午一點及六點三十分，可潛等到時因下午一點已過，六點即行未能躬與試驗，乃面囑許臺長、鄒工程師當晚代發一報，與淞臺並與青島電臺通報，隨時將通報情形通知可潛等。嗣由海容接該臺來電云，電已發至淞局，並已與青島局通報。但可潛等回課之後，即查問原電分署並未收到，再向淞局查問，據復未生效力等語。該臺報告及通報成績究竟如何，無從判定；九、無線電話機件裝置完全業經察看屬實，但因時間短促，未及試驗。以上係可潛等當日驗看實情，因迫於時間，未克一一詳驗，不無遺憾。」等情。除當日已陳司令外，理合將驗收情形繕摺恭呈鈞鑒。

謹呈
海軍總長

　　　　　　海軍總司令公署電務課課長陳可潛
　　　　　　課員張冰
　　　　　　閩廈警備司令部技正謨

海軍部令西沙島應援東沙島成案一案已咨成國務院查照備案外合行抄錄原咨呈令仰遵照辦理

日期：民國 15 年 8 月 14 日（1926 年 8 月 14 日）

令海道測量局局長許繼祥

呈一件，為西沙島地處要區，應援東沙成案劃作海軍軍事區域，仰祈鑒核提呈備案由，呈悉。除已咨呈國務院查照備案外，合行抄錄原咨呈，令仰遵照辦理。此令。

附抄件

海軍部令報前往東沙島行開臺禮並驗收該臺儀器機件造冊請備案均應准

日期：民國 15 年 8 月 17 日（1926 年 8 月 17 日）

令海軍第一艦隊司令陳季良

呈一件，呈報前往東沙觀象臺行開臺禮，並驗收該臺儀器、機件等項，附呈清冊一本，請鑒核備案由，呈並清冊均悉。應准備案。此令。

財政部咨東沙臺經費議決由稅務處撥付已咨行該處查照備案

日期：民國 15 年 8 月 17 日（1926 年 8 月 17 日）

財政部為咨行事。承准國務院函開：「准海軍部提議：『東沙島無線電觀象臺經費實需柒千貳百玖拾元，請由財政部提前撥付；附抄預算表敬候公決。』等因。茲經國務會議議決，交財政部轉稅務處照撥抄錄原議案暨預算表，函部查照辦理。」等因到部。查東沙島無線電觀象臺，月需經費柒千二百玖拾元，既經國務會議議決，

應即由稅務處遵照撥付，俾資應用。除咨行稅務處外。

相應咨請貴部查照備案，可也。

此咨

海軍總長

財政總長顧維鈞

海軍部令關於西沙建臺擬擇茂林島案應准如擬辦理即先將日人經營該島之來歷調查明確並收回手續詳擬辦法呈候核定以免臨時發生阻礙令仰遵照辦理

日期：民國 15 年 8 月 20 日（1926 年 8 月 20 日）

令海道測量局局長許繼祥

呈一件，關於西沙建臺，擬擇茂林島，附呈影片候鑒核由，呈並相片均閱悉。所稱茂林島有種植之便利，以之建設觀象臺自是適用，應准如擬辦理。查西沙群島之為我國領土，雖無疑義，惟日人在該島所設之碼頭、鐵道、房屋等工程，自應收歸我有，勢須交涉。固在意中，務即先將日人經營該島之來歷調查明確，並將從事收回前向物件之手續詳擬辦法呈候核定，以免臨時發生阻礙，合亟令仰該局長遵照辦理。此令。

海軍部提案關於西沙島建設觀象臺案請照東沙成案由外部照會日本公使轉飭日人不得再在該島經營提請公決

日期：民國 15 年 8 月 20 日（1926 年 8 月 20 日）

案據海道測量局呈稱：「遵令建設東沙、西沙觀象臺一

案。現在東沙臺業經竣事，而西沙應設之觀象臺亟應擇
地建設，業於六月間派員乘海清巡艦前往西沙各島察勘
地點。查西沙群島有茂林一島，Woody Island，在東京
一百十二度二十一分，北緯十六度五十分。察其地位，
以之建臺最為適宜。該島現有日本人採取鳥糞，應請查
照東沙島成案，由外交部照會駐京日本公使轉飭現在該
島日人，勿得再在該處採取鳥糞，一面由局即行開工建
設。再，查西沙十三島，曩為宣示主權管轄起見，於前
清宣同元年，由粵省派員赴該島建椇立碑。自後航海各
書亦認西沙各島係屬中國領土主權。合併陳明。」等情
前來。查西沙島建設觀象臺，既經該局勘定在茂林島最
為便利，其在該島採取鳥糞之日人應照東沙島成案，由
外交部照會駐京日本公使轉飭該日人，嗣後不得再在該
島經營各業。事關領土主權，相應提案，敬候公決。

全國海岸巡防處呈東沙北京兩地經線貫連應互校國時並參加會測全球經度擬懇咨請教部飭令中央觀象臺會洽辦理

日期：民國 15 年 8 月 21 日（1926 年 8 月 21 日）
呈為東沙、北京兩地經線貫連應互校國時並參加會測全
球經度，擬懇咨請教育部飭令中央觀象臺會洽辦理事。
竊觀象授時國之要政，外國君相協謀於上，學者討論於
下，視為國際間競爭事。業今年歐洲觀象機關議測全球
經度，先由各國觀象臺自行籌備辦法公訂，施用同種儀
器會同觀測，以期合轍，職處監督東沙臺自應照辦理。
查各國均定有國時，以京都為經線零度起點，今本國籌

備會測全球，似應先定國時俾正國位，現中央觀象臺開測北京經度，東沙所在地適與北京經線貫連，兩地同一子午又同為觀象任務，將來較準國時由無線電互相傳達甚為便利。至此後會測全球經度，東沙為重要地點並設有海軍觀象機關，事屬國際公益，東沙臺亦應加入合作。除令東沙臺添購各種應用儀器籌備會測外，擬請鈞部咨行教育部飭令中央觀象臺與東沙觀象臺會洽辦理，實為公便。

謹呈

海軍總長

全國海岸巡防處處長許繼祥

海軍總司令呈報派員驗收東沙島無線電機件情形請察核備

日期：民國 15 年 8 月 22 日（1926 年 8 月 22 日）

呈為陳報派員驗收東沙島無線電機件，仰祈鑒核事。竊前奉鈞部第三七號訓令開：「案據海道測量局電稱：『東沙觀象臺電機已與吳淞、膠澳各電臺直接通報，設備完全，謹遵令電部派員驗收，並請電總司令派艦閱臺，俾得早日領款歸墊結束手續』等情。據此，合函令行該總司令遴派專門人員前往詳細驗收具報。此令。等因」；奉此，查東沙觀象臺告成，當由職署電飭陳司令率海容軍艦前往，並電陳在案。奉令前因。遵即令派職署課長陳可潛酌帶諳熟電務人員前往東沙，將該臺電機等項詳細驗收去後，復茲開課長等呈稱：「竊可潛等奉派前往實地察看，係由香港隨乘海容軍艦，於七月

二十六日下午二時抵東沙島。因容艦定於本晚八時啟碇回港，可潛等六時離。該島察看時間異常短促，未能詳細逐件試驗，遂向西門子公司工程師及該臺鄒工程師接洽逐步察看。今就察看情形據實呈報。一、鐵桅兩座，高各二百五十英尺，係角鐵方架，上下寬闊。相同鋼絲拉索上下共五層，每層計用四索。大致尚屬堅固，惟鐵桿由上至下不能垂直，微向掛天線一方作曲形，似係優缺點，兩桅皆然；二、天線，係T字式三線平行，每線約長三百二十英尺。地網係八線並列，均用木柱及磁頭架設，大致合用；三、黑油引擎及十啟羅瓦特職流電機一座，係作充電於蓄電池之用。查合同應配二百九十安時蓄電量六十個，形式大小相同。現查形式相同較大者，計三十九個，其餘二時一個係用較小之四十二個代用；四、真空管式發報機壹部，係用變流機兩座經過變壓器至改流真空管兩具，再至發報真空管兩具，生高週電流由天線發射。當即略加試驗各機運用，似無疵弊，惟高壓電表一具已壞，尚未補配，兩種真空管亦各壞一具，現以備用者代替；五、該臺附裝火花式發報機一部，為與距離較近，通用六百米達電浪船舶通電之用。查巡防處移來文件明言此項發報機之變流機出電量為二啟羅瓦特，天線出電量為一啟羅瓦特。現查所裝變流器，僅百分之七十五啟羅弗蘭安培，相差甚具。當即試驗天線電流，最大僅五個半安培，機件與文件不符，未悉何故；六、探向收音器一部，為助來往船舶尋查方向之用，試驗時僅有喧聲，據西門子工程師言略有疵病，可潛等即囑具修正，但離島時，尚未修竣；七、收報

機，係三副形式相同者連續應用，本為減少他臺喧鬧之用並加放聲器一具，以增音響。該臺因平時無多，他臺喧鬧，僅用收報機一副連於放聲器所有。此項收報機真確效率，因當時未曾通報，無從試驗；八、照合同該臺應能與青島直接通報，但係用接續式電浪及特定波長，不能隨呼隨應。該臺所定與青島通報時間係上午八點、下午一點及六點三十分，可潛等到時因下午一點已過，六點即行，未能躬與試驗，乃面囑許臺長、鄒工程師當晚代發一報，與淞臺並與青島電臺通報，隨時將通報情形通知可潛等。嗣由海容接該臺來電，云電已發至淞局，並已與青島局通報，但可潛等回課之後，即查問原電分署並未收到，再向淞局查問，據復未生效力等語。該臺報告及通報成績究竟如何，無從判定；九、無線電話機件裝置完全業經察看屬實，但因時間短促，未及試驗。以上係可潛等當日驗看實情，因迫於時間，未克一一詳驗，不無遺憾。」等情。並附呈觀象臺無線電臺燈塔三部、儀器、機件等項清冊前來，理合將派員驗收情形，連同清冊一併具文呈請鈞長察核備案，實為公便。

謹呈

海軍總長

　　　　　　　　　　　海軍總司令楊樹莊

海軍部咨東沙北京兩地經線貫連應互校國時並參加會測全球經度請飭中央觀象臺會洽辦理抄錄原呈請核辦見復

日期：民國 15 年 8 月 26 日（1926 年 8 月 26 日）

海軍部為咨請事。據全國海岸巡防處處長許繼祥呈稱：「東沙、北京兩地經線貫連，應互校國時並參加會測全球經度，擬懇咨請教部飭令中央觀象臺會洽辦理。」等情。查該局長所陳頗關重要。相應抄原呈咨請察核辦理。並希見覆，以便轉飭知照，為荷。

此咨

教育總長

附抄呈

海軍部令為西沙建臺照東沙成案由外部照會日使取締該島日人一面由局開工等因經提閣議公決交外交部辦理仰知照

日期：民國 15 年 8 月 27 日 （1926 年 8 月 27 日）

令海道測量局局長許繼祥

呈一件，為西沙建臺，擬請查照東沙呈案，由外交部照會日使取締駐在該島日人，一面郵局開工建設由，呈悉。案經提交閣議議決，交外交部與日使交涉，仰即知照。此令。

海道測量局呈為西沙臺遵即開工建設擬請飭令巡防處籌辦東西沙兩島善後事宜並咨呈國務院立案謹陳管見仰祈鑒核施行事

日期：民國 15 年 8 月 28 日（1926 年 8 月 28 日）

呈為西沙臺遵即開工建設，擬請飭令巡防處籌辦東、西沙兩島善後事宜並咨呈國務院立案謹陳管見，仰祈鑒核施行事。竊西沙建臺。擬請查照東沙呈案，一面由職局開工建築一案，奉指令第二零二號內開：「呈悉。案經提交閣議議決，交外交部與日使交涉，仰即知照。此令。」等因；奉此，查東沙、西沙各臺孤懸海外，因為颱風從出之遠而又遠距大陸，除日人於春末秋初間曾私至該島經營，現蒙禁阻外，尚無民居，久成煙障。上年東沙建臺時，為確定國際關係問題，劃為海軍軍事區域，業經國務會議議決有案。現東沙臺工已竣，西沙亦在繼續進行。太平洋蠻荒之平沙一變，以為海軍觀象之重地。公安善後事宜，亟應著手布置，俾免外人窺伺。關於島內之墾殖、衛生，外之港務、巡防，實為慎始圖終之要政。但，值此司農仰屋之秋，若盡待給於國庫，勢必緩不濟急，職局長一再籌思。東沙、西沙尚非不毛之地，應先以該島所能生產之收益，還以為該島整理地方之要需；至整理之事，應以地合人居為先，圖次而謀及守土、保安、諸政事。事在人為，未可因噎廢食。現東沙交由海岸巡防處監督。擬請鈞部飭令該處遵照相機便宜；至西沙島事同一律。現由職局遵令籌辦臺工，應一面由該處統籌善後。查該島雖為海軍軍事區域，但屬創舉之事，擬懇鑒察，咨呈國務院立案並請由院分行各

部備案；所有西沙臺道即開工建設。擬請飭令巡防處籌辦東、西沙島善後，並咨國務院立案緣由。是否有當，謹陳管見，伏乞鈞鑒訓示施行。

謹呈

海軍總長

海道測量局局長許繼祥

海軍總司令呈報派員驗收東沙島無線電機件

日期：民國 15 年 8 月 30 日（1926 年 8 月 30 日）

呈為陳報派員驗收東沙島無線電機件，仰祈鑒核事。竊前奉鈞部第三七號訓令開：「案據海道測量局電稱：『東沙觀象臺電機已與吳淞、膠澳各電臺直接通報設備完全，謹遵令電部派員驗收並請電總司令派艦閱臺，俾得早日領款墊歸，結束手續。』等情。據此，合亟令行該總司令遴派專門人員前往詳細驗收具報。此令。等因。」奉此，查東沙觀象臺告成，當由職署電飭陳司令率海容軍艦前往並電陳在案。奉令前因，遂即令派職署課長陳可潛酌帶諳熟電務人員前往東沙，將該臺電機等項詳細驗收去後，茲據該課長等呈稱：「竊可潛等奉派前往實地察看云云全敘，未克一一詳驗，不無遺憾。」等語；並附呈觀象臺、無線電臺、燈塔、三部儀器、機件等項清冊前來。理合將派員驗收情形，連同清冊一併具文呈請鈞長察核備案，實為公便。

謹呈

海軍總長

附清冊一本

海軍部咨呈據海道測量局呈西沙臺開工建設請飭巡防處籌辦東西沙兩島善後並咨呈備案各等情除指令外應據情咨呈備案

日期：民國 15 年 9 月 4 日（1926 年 9 月 4 日）

海軍部為咨呈事。竊查本部提議西沙島建築觀象臺，請照東沙島成案，由外交部照會駐京日本公使轉飭日人，嗣後不得再在該島經營各業一案，經閣議議決交外交部與日使交涉，並由本部令行海道測量局知照在案。茲據該局局長許繼祥呈稱：「查東沙、西沙各臺孤懸海外云云照原呈錄全。是否有當，伏乞訓示施行。」等情。查該局長所呈各節關係內政、外交，頗為重要。除指令，並令飭海岸巡防處，將東、西沙兩島善後事宜妥籌辦理外，相應據情咨呈貴院察照備案。

此咨呈

國務總理

海軍部令西沙臺開工建設一案除據情咨呈國務院備案並令飭巡防處將善後事宜妥籌辦裡外仰即知照

日期：民國 15 年 9 月 4 日（1926 年 9 月 4 日）

令海道測量局局長許繼祥

呈一件，為西沙臺遵即開工建設。擬請飭令巡防處籌辦東、西沙兩島善後事宜，並咨呈國務院立案，謹陳管見，仰祈鑒核施行由，呈悉。除據情咨呈國務院查照備案，並令飭全國海岸巡防處，將東、西沙兩島善後事宜妥籌辦理外，仰即知照。此令。

海軍部令關於西沙臺開工建設除咨呈備案外合錄原呈令仰將東西沙善後事宜妥籌辦理

日期：民國 15 年 9 月 4 日（1926 年 9 月 4 日）

令全國海岸巡防處處長許繼祥

案據海道測量局呈稱：「西沙觀象臺遵即開工建設。擬請飭令巡防處籌辦東、西沙兩島善後事宜後，並咨呈國務院立案。」等情。除據情咨呈國務院備案外，合亟抄錄原件呈令，仰將東、西沙兩島善後事宜妥籌辦理。

此令

附抄呈

海軍部令仰派員會同總司令公署委員前往淞局試驗無線電能否與東沙島通電情形並將總司令呈開各缺點妥為修正

日期：民國 15 年 9 月 17 日（1926 年 9 月 17 日）

令海道測量局局長許繼祥

案據海軍總司令楊樹莊呈報：「該員驗收東沙島無線電機件情形，附呈清冊一本，並呈明電機各缺點，及通電淞局未生效力。」等情。除指令應即派員會同海道測量局所派之員，前往淞局試驗與東沙島能否通電，仍將試驗情形具報外，合行抄發總司令原呈；令仰迅將呈開各缺點妥為修正，並派員會同總司令公署委員前往淞局詳細檢驗，可也。

此令

附抄件

海軍部令據稱東沙電機各缺點並通電未生效力仰即派員前往試驗仍將情形具報

日期：民國 15 年 9 月 17 日（1926 年 9 月 17 日）

令海軍總司令楊樹莊

呈一件，呈報派員驗收東沙島無線電機件情形，附呈清冊一本，請鑒核備案由，呈並清冊均悉。據稱：「東沙臺電機各缺點，並通電淞局未生效力。」等情。除令飭海道測量局訊將呈開各缺點妥為修正，並派員會同總司令公署所派委員前往吳淞無線電局，與東沙臺詳細試驗外，仰即派員前往淞局試驗與東沙臺能否通電，仍將試驗情形具報。此令。

海軍總長杜錫珪

全國海岸巡防處呈據報東沙經過烈風並電臺受損情形擬先由該處墊款修理請示遵

日期：民國 15 年 9 月 28 日（1926 年 9 月 28 日）

呈為據報東沙經過烈風並電臺受損情形事。竊據東沙臺電稱：「本月二十六日晚間，颶風經過該島，勢極猛烈，無線電塔之錨纜拔起一根，隔電之瓷器亦被損壞，須即設法修理。」等情前來。查此項修理工程不容稍緩，所需材料等件係屬臨時費用，擬先由職處設法墊款購備運往東沙，以應急需。除俟修竣再行具文呈請撥款外，理合呈請鑒核示遵。

謹呈

海軍總長

全國海岸巡防處處長許繼祥

海軍總司令公署函奉令東沙通電事請派員來署會同前往淞臺試驗

日期：民國 15 年 9 月 29 日（1926 年 9 月 29 日）

逕啟者：

奉部指令開：「呈並清冊均悉。據稱：『東沙臺電機各缺點，並通電淞局未生效力。』等情。云云仍將試驗情形具報。此令。」等因；奉此，本署除派電務課長陳可潛遵照辦理外，相應函請貴處與淞局商定試驗日期，並派員會同前往試驗，以憑具報，希查照見復為盼。

此致

全國海岸巡防處

海軍總司令公署啟

全國海岸巡防處函請囑電務陳課長於本月五日到處會同陶課長赴淞試驗電臺

日期：民國 15 年 10 月 2 日（1926 年 10 月 2 日）

逕啟者：

准貴署函以：「奉令遵派電務課長陳可潛前往吳淞無線電局，與東沙臺詳細試驗，請即與淞局商定試驗日期並派員會同前往試驗，以憑具報。」等因到處。查東沙電臺與吳淞無線電局兩月來每日約定通電二次，未稍間斷，偶因天電阻擾亦為各電臺事實上所難免，一經試驗即可瞭然。茲准前因，當與吳淞無線電局商定，準於十月五日上午十一時前往試驗。相應函請貴署查照。希囑陳課長屆時到處，與本處課長陶鈞同往該局詳細試驗，為荷。

此致

　　　　　　　　　　　　　　　許繼祥

全國海岸巡防處呈遵令試驗東沙無線電與吳淞通電情形並將驗收時所指各缺點遂一呈明請鑒核

日期：民國 15 年 10 月 9 日（1926 年 10 月 9 日）

呈為遵令試驗東沙無線電與吳淞通電情形，並將驗收時所指各缺點逐一呈明，敬祈鑒核事。竊由海道測量局轉奉鈞部訓令一八六六號內開：「案據海軍總司令楊樹莊呈報派員驗收東沙島無線電機件情形，附呈清冊一本，並呈明電機各缺點及通電淞局未生效力。」等情。除指令應即派員會同海道測量局所派人員前往淞局試驗，與東沙島能否通電，仍將試驗情形具報外，合行抄發總司令原呈：「令仰迅將呈開各缺點妥為修正，並派員會同總司令公署委員前往詳細試驗，可也。此令；附抄件。」等因；奉此，查海軍總司令公署所派驗收員陳可潛，面囑東沙無線電臺代發淞臺之電報確已發到，且係職處電臺代收轉送。海軍總司令公署掣有公署收據存處，為證事實昭然，非可任意掩飾。昨日總司令公署又派課長陳可潛偕同電官楊育普來處，會同職處課長陶鈞、電員李景杭詳細試驗東沙無線電，確與吳淞通電聲浪甚暢，毫無窒礙，謹將課長陶鈞報告書並海軍總司令收據一紙照錄，附呈察閱。至驗收員所指各缺點遵即逐一詳查：（一）原呈稱：「鐵桿由上至下不能垂直一節，查鐵桿高達二百數十尺，垂直與否非用儀器測量角

度無從隨意推測，若任憑目力所及，斷難準確。即使桿
徵有不能垂直，尚可將拉繩之螺絲隨時鬆緊較正，實無
何等之關係。」（二）原呈稱：「蓄電池六十個，內有
二十一個係以較小者代用一節，查蓄電池原係六十個，
因運輸赴東沙時被水漬損壞二十一個，西門子滬行現無
此項電池，以較小者四十二個代之，實與平行接髮，安
培時間相等。」（三）原呈稱：「高壓電表一具已壞，
尚未補配，兩種真空管亦各壞一具，現以備用者代替一
節，查已壞高壓電表一具，並試驗時西門子工程司用壞
真空管一箇，當時即由西門子洋行承認補償。」（四）
原呈稱：「火花式發電機與原定電量相差甚巨一節，查
所裝火花式發電機，其出電量確與原訂合同不符，早由
職處囑咐西門子洋行更換。」以上所查缺點各節，西門
子洋行應依合同所訂負責補償或更換，早經職處與之交
涉。所有遵令試驗東沙無線電與吳淞通電情形，並呈明
驗收員所指缺點緣由，理合具文，呈請鑒核施行。
謹呈
海軍總長
　　　　　　全國海岸巡防處處長許繼祥

照錄陶課長報告書
謹將會同陳課長可潛試驗東沙與吳淞通報情形錄呈鈞鑒
一、十月七日上午十一時十五分，鈞會同電務課長陳
　　可潛公署電官楊育普前赴吳淞無線電局試驗，當即
　　開真空管，適因該局建立新鐵桿地網線，有連接木
　　桿處不克發電。至十一時三十五分，方能發報。迄

十一時五十分聽東沙回音，是時徐匯電臺亦出發報，而東沙回音尚可辨別，旋回至本處電臺。詢之李領班悉亦收到東沙回電，內稱本晨吳淞所放十三號氣象報完全收到等語。

二、下午一時二十分，陳課長等即在本處電臺聽東沙與青島電臺交換氣象報告東沙電臺，並告青臺請轉知淞局本日報告鈞收到等語。東沙所發音符甚為強大，悉其雙方通報頗暢。

三、下午二時二十分，共同收錄東沙廣布氣象報告。除吳淞電臺及附近日軍艦發電被其困擾外，餘尚均能收錄。謹將當時收到東沙氣象報告一紙一併附呈。

附氣象報告一紙

海軍部令據報東沙經過烈風並電臺受損情形擬先由該處墊款修理應照准

日期：民國 15 年 10 月 12 日（1926 年 10 月 12 日）

令海岸巡防處處長許繼祥

呈一件，關於據報東沙經過烈風並電臺受損情形，擬先由該處墊款修理，請示遵由，呈悉。應照准。此令。

海軍總司令公署電務課呈報前日往吳淞電局與東沙島通電經過情形

日期：民國 15 年 10 月 12 日（1926 年 10 月 12 日）

呈為遵令試驗東沙電臺通電事。竊可潛錢接巡防處來函，約定於十月七日上午九時，會同陶課長前往吳淞無線電局試驗通電，到局時查東沙電臺與淞局通報，係約

定時間每日兩次，首次為上午十一時十五分，屆時適值
淞局真空管發報機發生障礙，只能接收東沙來報，聲音
尚屬清晰。下午二時十分，復接收東沙廣播氣象報告，
聲音亦佳。理合將當日試驗結果具情呈報，並附呈所收
東沙電臺氣象報告一紙。

謹呈

總司令

電務課長陳可潛謹呈

海軍總司令公署呈遵令派員前往淞局試驗與東沙臺通電情形檢同報告請察鑒

日期：民國 15 年 10 月 16 日（1926 年 10 月 16 日）

呈為呈復事。竊職署前奉鈞部令：「即派員會同海道測
量局所派委員，前往淞局試驗，與東沙臺能否通電，仍
將情形具報。」等因。當經遵派電務課課長陳可潛，並
函由全國海岸巡防處派該處課長陶鈞同往吳淞無線電局
試驗去後，茲據該課常呈稱：「竊可潛於十月七日上午
九時，會同陶課長前往吳淞無線電局試驗通電到局。」
時查東沙電臺與淞局通報，係約定時間每日兩次。首次
為上午十一時五分，時適值淞局真空管發報機發生障
礙，只能接收東沙來報，聲音尚屬清晰。下午二時十分
復接收東沙廣播氣象報告，聲音亦佳，理合將當日試驗
結果據情呈報，並附呈所收東沙電臺氣象報告一紙到
署；理合檢同前項報告據情呈復，伏乞察鑒。

謹呈

海軍部長

海軍總司令楊樹莊公出

代理參謀長吳光宗代

附呈東沙電臺氣象報告一紙

二　接收東沙島海事設施（1927-1932）

原案單位：海軍總部
典藏單位：國家發展委員會檔案管理局

全國海岸巡防處佈告第十二號

日期：民國 16 年 6 月 17 日（1927 年 6 月 17 日）

為通告事，本處東沙島無線電觀象臺，自民國十六年六月十六日起，於每日下午一時三十分及七時三十分，加增四十四米突短波無線電，按照後開次序播告氣象警訊，特此通告。

（一）反旋風或高氣壓之情形。

（二）颱風或低氣壓之情形。

（三）沿中國海岸及中國海內之氣候情形。

（四）東沙島四週氣候在六小時內之變態及風向、風力、能見度與海面之情形。

中華民國十六年六月十七日

全國海岸巡防處呈東沙觀象臺擬添短波械由

日期：民國 16 年 6 月 22 日（1927 年 6 月 22 日）

呈為東沙觀象臺添裝短波收發報機，以利傳播氣象，恭陳仰祈鑒核備案事。竊職處東沙觀象臺傳報氣象報告，向用火花機及真空管兩種，專為附近船舶易於接收。真空管機為遠東各電臺所收錄，所有時間波長電碼等項，

曾經英國氣象公報社刊登年鑑在案。嗣以最新發明之短波機，較為費省效大，因於本年二月由職處交通課自製短波機，先在本處裝設，與東沙通報數月以來極為便利。近以該臺收發滬電真空管機時有阻滯，兼之國民革命軍總司令部交通處致粵省軍電頻，託該臺轉遞，以致該臺真空管機連破兩個。尤見謹臺僅恃真空管機不足以廣傳播，當即飭課趕製短波機一副，於本月初旬派員送往該臺裝置，業於本月十五日裝竣、試驗，與職處及小呂宋等處均日夜暢通，所有氣象報告即另加短波一種，以資完備。一面已將該臺添增報機及傳播事項登載本埠華洋各報，俾可周知，此後維持費既可節省，而通信方面更為安全。至職屬交通課製辦職處及東沙臺短波均係自行配製，並未有所借助，現廈門所裝短波機亦由該課製配，故用費均經核實，力從節省。所有東沙觀象臺添裝短波機緣由。理合備文並抄通告底稿，呈請鑒核備案。

謹呈

海軍總司令

記呈抄稿一件

　　　　　　　　　　代理全國海岸巡防處處長吳振南

財政部咨總稅務司呈陳東沙島燈塔無裨實用已由關務署指令准予裁撤請查照

日期：民國 18 年 11 月 25 日（1929 年 11 月 25 日）

為咨行事。關務署案呈：「據總稅務司梅樂和呈稱：『竊查香港附近有海島名東沙島者，曾由海道測量局許前局

長繼祥設置燈塔，及無線電臺於其上，厥後該局長將該島燈塔移歸海關管轄時，海關除撥付相當款項作為購買燈塔之代價外，復由專款項下提出國幣二萬八千元，交由該局製造巡船一艘，專備輸送該島燈塔及無線電臺應需料併之用。現在事關數年，不知此項船隻是否已經造妥；但該島一切應需物品迄今尚係由海關併征、海星兩巡船按時輸送。」茲據海務巡工司奚理滿呈稱：『查輪船在東沙島附近航行時，向在離島二十五海里以外行駛而該島燈塔上所放燈光尚不及十四海里，於航行上殊屬無裨實用，即對於其他任何事宜亦均毫無用處在，巡工司以為該島燈塔儘可裁撤。』等情；據此，查該島燈塔既據稱無裨實用似可准予裁撤；至該島所設之無線電氣象臺，乃中國沿海各處氣象報告所重要樞紐，尤為暴風季中萬不可少之設備，且現在辦理亦屬甚為完善。所請准將東沙島燈塔裁撤緣由。是否有當，理合備文，呈請鑒核令遵。」等情。查該東沙島燈塔，既屬無裨實用，自應准予裁撤。除飭由關務署指令照准外。相應咨請貴部查照。

此咨

海軍部

財政部長宋子文

海軍部令關於東沙燈塔以及備用關運船事項抄財政部原咨隨令給閱事關全島安全仰該處處長迅即籌畫辦法呈部核辦由

日期：民國 18 年 11 月 28 日（1929 年 11 月 28 日）

令海岸巡防處處長吳振南

為令遵事，關於東沙燈塔以及備用海關運船事項，現准

財政部來咨，除抄文隨令給閱外，事關該島安全，仰該
處長即電東沙臺長接管該臺燈塔。對於運輸事宜，迅即
籌盡辦法，呈部核辦。切切。此令。

附抄財政部咨原文一件

　　　　　　　　　　　部長楊○○公出
　　　　　　　　　　　政務次長陳○○代

海軍部令咨復東沙島燈塔海關既不經營自可無庸派船按時輸送除飭東沙臺長剋日接管該燈塔外相應咨請飭知海關為荷

日期：民國 18 年 11 月 28 日（1929 年 11 月 28 日）

為咨復事。准十一月廿五日貴部第七五八九號大咨：
「以東沙燈塔應予裁撤。」等因。查本部建造東沙燈塔
係專為指導船舶到達該島之用，併可警戒他船因強風海
流關係越出航線，經行該島近處遙見該燈為之遠避。查
海關本年所刊《警船燈浮椿英文總冊》第二十頁，載明
東沙燈光能及時七海里。今巡工司謂該塔所放燈光尚不
及十四海里，與海關總冊所載已屬不符。至該島外面暗
礁距該塔所在地最遠者不過九海里，此外皆係深海。燈
光所及即為十四海里，亦有五海里之餘程可為船舶警
戒。巡工司經管該塔迄今四年之久，忽派談稱毫無用
處，不知何以自解。查該燈塔海關既不經管，自可無庸
派船按時輸送，惟此項建設係為該島運輸，深妥不能須
臾撤廢。除飭東沙臺長剋日接管該燈塔外，相應咨請貴
部飭知海關，為荷。

此咨

財政部

部長楊○○公出
政務次長陳○○代

海軍部函海關聲明撤銷東沙燈塔應由東沙臺長接管

日期：民國 18 年 11 月 28 日（1929 年 11 月 28 日）

逕啟者：

海關聲明撤銷東沙燈塔應由東沙臺長接管一事，業經本部咨請財政部飭知海關在案。查該燈塔海關既不經營，所有燈塔原有一切設備以及應用房產等自應由該臺長保守俾使繼續接管，除抄本部咨文隨函函達外。相應函請貴處查照辦理，為荷。

此致
海岸巡防處

全國海岸巡防處快郵代電東沙沈臺長請示何時接收燈塔各節候示飭遵

發文日期：民國 18 年 12 月 5 日（1929 年 12 月 5 日）

陳代部長鈞鑒：

奉令轉飭東沙臺長接管燈塔遵即電令照辦。茲據沈臺長有湛江電稱：「海關燈塔未悉何時實行裁撤，職臺應於何時接管。倘此次關船並徵到島，並不向職臺通知裁撤亦不拆卸燈塔，職臺應如何接管候示遵行。」等情。查海關廢置燈塔，須先四星期或六星期前布告始行裁撤，此次並徵關船開島係應職處之請，並非前往拆卸。該臺

長請示各節似為審慎接收程序起見，且該臺接管燈塔在事前亦似應有所籌備。現並徵開島在即究應如何辦理之處，伏候電示以便飭遵；至於此後運輸事宜，業於艷代電陳述意見並懇訊示，俾有遵循。

吳振南叩

海軍部電飭東沙沈臺長剋日負責管理

日期：民國 18 年 12 月 7 日（1929 年 12 月 7 日）

吳淞防正密歌代電悉。東沙島既准財政部咨達本部通知裁撤，並經本部咨復財政部由臺接管，應即電飭沈臺長剋日負責管理，為要。

海部

陽發

全國海岸巡防處快郵代電東沙燈塔事總務司面稱尚有意見陳述擬請咨商財部雙方分飭交替接收以免誤會

日期：民國 18 年 12 月 11 日（1929 年 12 月 11 日）

陳代部長鈞鑒：

陽代電奉悉。本應即電沈臺長負責接管燈塔，惟據總稅務司面稱：「該島燈塔移歸東沙臺管理一節，尚有意見；對關稅署陳述，將由財政部咨請海軍部辦理。」等情。查此次並徵關船運糧料到臺後立即離島，並未拆卸燈塔，職見接管一層似應候鈞部與財部咨商妥洽，雙方分別飭令交替後再飭沈臺長接管以免誤會。且此後東沙運輸問題對關船尚多利，賴若即令接收似近強制恐生反

響尤慮，鈞部與財部因此發生爭執枝節橫生更難解決。
是否有當，伏祈察奪。

吳振南叩
真二

海軍部電財部來咨決定撤廢燈塔仰仍遵陽代電辦理

日期：民國 18 年 12 月 19 日（1929 年 12 月 19 日）

吳淞防真二代電悉。財部來咨決定撤廢燈塔，仰仍遵陽
代電辦理。

海部
刪

海政司呈東沙燈塔追加經費

日期：民國 18 年 12 月 19 日（1929 年 12 月 19 日）

竊東沙燈塔追加經費一案，奉批：「油漆費是否每月常
用，什費似太多餘照辦。又燈塔看守人及夫役薪洋、麵
食費、煤燈燃料等項，是否與其他燈塔相同。」等因；
奉此，查油漆費一項係備購用油漆及其附屬材料專為油
漆，該燈塔及看守人房屋之用預算，每年油漆兩次約共
需300元，每月平均25元；至看守人及夫役薪水係按照
現時海關僱用華人看守該塔辦法，其他燈塔均係僱用洋
人，薪水多在百元以上；煤燈燃料費據查月需港洋45
元約合國幣50元；至雜費一項，查燈塔看守人別有住
所，自有公用支應，今實報實銷以每月15元為限。理
合具復，伏候鈞鑒。

海政司司長許繼祥

東沙燈塔經費表

項目	費用	備註
燈塔看守人一名	70 元	
夫役一名	20 元	是否與其他燈塔相同
麵食費二名	20 元	
煤燈染料	50 元	
燈塔油漆費	25 元	
雜費	15 元	
共計	200 元	

海政司函東沙燈塔經費經由司擬定呈奉批准

日期：民國 18 年 12 月 19 日（1929 年 12 月 19 日）

逕啟者：

東沙燈塔應由沈臺長接管一案業經內部令飭貴處轉飭遵辦在案。該燈塔經費經由司擬定呈奉批准。茲抄付該表送請查照辦理，為荷。

此致

海巡防處

東沙燈塔經費表

項目	費用	備註
燈塔看守人一名	70 元	
夫役一名	20 元	燃料、油漆、什費共 200 元，均應實報實銷，以上定款為其限度，該燈塔經費應准按每月計支
麵食費二名	20 元	
煤燈染料	50 元	
燈塔油漆費	25 元	
雜費	15 元	

財政部咨據總稅務司聲復海關冊所載東沙燈光能及十七海里係轉錄巡防處報告如由東沙臺接收應給還價款請查照辦理

日期：民國 18 年 12 月 21 日（1929 年 12 月 21 日）

為咨復事。案准第八九號大咨：「關於總稅務司請裁撤東沙島燈塔一案，以海關本年所刊警船燈浮橋英文總冊第二十頁，載明東沙燈光能及十七海里。今巡工司謂該燈塔所放燈光尚不及十四海里，與海關總冊所載不符。此項燈塔不能須臾撤廢，除飭東沙臺長接管外，請飭查照。」等因：准此，當經飭據總稅務司聲復：「海關冊所載該東沙燈光能及十七海里，原係轉錄於海軍部巡防處之報告。而據巡工司所委工程司精細測算該項燈光，於尋常天晴時之目光力，則僅達十四海里，故巡工司及各船公司均認為於航務無裨實用。該項燈塔從前由巡防處移歸海關管轄時，曾由海關撥款購買，現時如由東沙臺接收，自應照數給還價款。」等情。相應咨請貴部查照辦理。

此致

海軍部

財政部長宋子文

海岸巡防處函東沙燈塔經費表請貴司查照詳細註明寄下以便轉飭

日期：民國 18 年 12 月 23 日（1929 年 12 月 23 日）

逕啟者：

准貴司二十日來函並附抄東沙燈塔經費表一紙祇悉。查

表內燃料、油漆、什費三項數目與附記內總數不符。又以上經費規定是否按月計算亦有疑義。相應檢附原單函請貴司查照詳細註明寄下以便轉飭，為荷。

此致

海軍部海政司

附原單一紙

　　　　　　　　　　　海軍部海岸巡防處啟

海政司函東沙燈塔移轉海關管理

日期：民國 18 年 12 月 25 日（1929 年 12 月 25 日）

逕啟者：

東沙燈塔移轉海關管理，當時貴處與總稅務司往來文件及撥款情形，請即剋日飭抄全案寄司，為荷。再前提東沙案卷百餘宗無此項函件，合併附陳。

此致

海岸巡防處

　　　　　　　　　　　海政司啟

海政司函東沙燈塔經費表筆誤更正

日期：民國 18 年 12 月 26 日（1929 年 12 月 26 日）

逕啟者：

准十二月二十三日來函備悉。查前送經費表列按月計算內有筆誤，茲經更正隨函送請查照，為荷。

此致

海岸巡防處

　　　　　　　　　　　海政司

12 月 26 日

附東沙燈塔經費表一份

東沙燈塔經費表

項目	費用	備註
燈塔看守人一名	70 元	該燈塔經費共二百元，應從呈報接管日起支燃料、油漆、什費一百八十元，均應實報實銷，以上定額為其限度。
夫役一名	20 元	
麵食費二名	20 元	
煤燈染料	50 元	
燈塔油漆費（每年兩次 3 百元，平均每月 25 元）	25 元	
雜費	15 元	

海軍部咨復東沙燈塔當時移轉係循總稅務司之請應自請在船鈔項下撥助建費與購買性質不同請查照

日期：民國 18 年 12 月 26 日（1929 年 12 月 26 日）

為咨復事。案准十二月二十一日第八三四二號貴部咨，關於裁撤東沙等燈塔一案據總稅務司聲復：「海關冊所載該東沙燈光能及十七海里原係轉錄於海軍巡防處之報告，而據巡工司所委工程司精細測算，該項燈光於尋常天晴時之目光力則僅達十四海里，故巡工司及各船公司均認為於航務無裨實用。該項燈塔從前由巡防處移歸海關管轄時曾由海關撥款購買，現時如由東沙臺接收自應照數給還價款，等情。相應咨請查照辦理。」等由；准此，查東沙島地低窪，從前多數船泊在此觸礁沉沒，自該燈塔建立後迄今七載從無一船被難，對於航務有裨實用一層已有事實可證。惟該燈塔從前移轉海關管轄係循前總稅務司之請求，移轉之後看守該燈塔者仍係前巡防

處所派之人，其職務亦向由東沙臺長監督委係名義上之移轉。東沙距大陸最近之處千餘海里，該燈塔所在地係在海洋之中，與海關所管燈塔全在海岸者茲無統系，因其為船舶所用。前總稅務司自請在輪船船鈔項下撥付建費，確有正當理由，與購買性質迥不相同等情。相應咨請貴部查照，為荷。

此咨

財政部

部長楊○○公出

政務次長陳○○代

海岸巡防處函東沙燈塔移轉海關管理文件九份抄印寄奉

日期：民國 18 年 12 月 28 日（1929 年 12 月 28 日）

逕啟者：

准貴司來函：「囑將東沙燈塔移轉海關管理時，與總稅務司往來文件飭抄全案寄司。」等由；准此，茲將當時往來文件九份抄印寄奉，即希查照，為荷。

此致

海軍部海政司

附抄印文件九份

海軍部海岸巡防處啟

海軍部令擬派通濟於三星期內開赴東沙仰即遵令籌備一切由

日期：民國 19 年 2 月 26 日（1930 年 2 月 26 日）

令海岸巡防處處長吳振南

為令遵事，查東沙觀象臺無線電鐵塔、燈塔及臺屋等建設迄今已逾四載，能否穩固，事關全臺安全，亟應查驗。前經令行在案，本部現擬派通濟軍艦於三星期內由香港開赴該島，合亟令仰該處長迅即商僱建築工程司，屆時隨艦赴島詳加檢驗，按實呈報；至該臺兵役調換、糧料補充各事，亦應於該艦開島以前預為籌備，仰即遵照。

此令

部長楊○○公出

政務次長陳○○代

海岸巡防處呈報明洋工程師一時難覓擬俟下次便船赴島再行僱往

日期：民國 19 年 3 月 11 日（1930 年 3 月 11 日）

陳代部長鈞鑒：

正密。連日覓僱洋工程師迄無相當人物，而本關工程師內僅有房屋建築，對於鐵塔工程素無經驗，若遷就僱往未免徒耗公帑並無實用。現時有從容覓訪，俟下次便船赴島再行遣往勘驗。

吳振南叩

真

海岸巡防處呈報明現飭黃琇等赴港採辦號日可便請飭通濟查照並陳俄工程師不能離滬擬另覓僱情形

日期：民國 19 年 3 月 11 日（1930 年 3 月 11 日）

陳代部長鈞鑒：

正密庚辰電奉悉。通濟在港，謹至文日則預計在港購便，實運不及。現飭黃琇隨帶員役明日由滬搭商輪赴港採辦一切。該員等約篠日搭港，號日可以備便，懇飭通濟查照函原建築東沙之俄工程師現有職務不能離滬，刻正另覓，如條件不苛，當即請示撥款飭備赴港搭通濟前往，否則■有從緩覓僱，俟下次便船再行勘驗。謹先稟聞。

吳振南叩
蒸二

東沙島所設之燈停止開點布告

日期：民國 19 年 3 月 25 日（1930 年 3 月 25 日）

中華民國海關海務科巡工司奚為通告事，照得本巡工司前奉總稅務司令：「行以沿江、沿海建造燈塔、浮樁等事。或係創設、或宜改移、或有增添、或須裁撤營造既有變更，務即隨時通告各處，俾行駛江海船隻周知徧喻。」等因。茲本巡工司查潮海關稅務司所屬界內東沙島所設之燈停止開點，合將其情形開列於左：

計開

潮海東沙島燈塔所設之燈訂於本年四月二十日左右停止開點，屆時不再通告（參閱英國海軍第三百六十二號海

道圖）為此，合即遵行通告各處船隻務宜留心詳記，以免疏虞。勿忘、勿忽。切切。此布。

民國十九年三月二十五日
第九百七十四號布告

海軍部令海關通告停止東沙燈塔仰巡防處轉飭東沙臺長自本年四月二十日起接收執行任務

日期：民國 19 年 3 月 28 日（1930 年 3 月 28 日）

令海岸巡防處處長吳振南

為令遵事，海關聲明撤銷東沙燈塔應即由東沙臺長接管一事，前經本部咨請財政部飭知海關，並電知該處轉電東沙臺長各在案。現海關於本月廿五日登報，通告東沙燈塔自本年四月二十日起停止任務等語。查本部建設燈塔係專為指導船舶到達該島之用，並可警戒他船因強風、海流關係越出航線，經行該島近處遙見該燈為之遠避，且為該島運輸保安之用，實屬不能須臾廢撤。除飭海政司登報聲明該燈塔自本年四月二十日起由東沙臺接管，仍繼續射放白色閃光不為終止外，仰即轉飭東沙臺長將所有該塔一切設備，以及應用房屋等，即由該臺保守並繼續該塔執行任務。至該塔按月經費，仰仍遵照上年十二月二十日，海政司函知簽請核准各項額知數目辦理，可也。此令。

部長楊○○公出
代理部務政務次長陳○○代
總務司司長李○○代拆代行

海岸巡防處呈東沙燈塔海關表示暫維持現狀提供部與財部決定辦法後再行飭臺接收候示

日期：民國 19 年 4 月 8 日（1930 年 4 月 8 日）

部長鈞鑒：

據東沙臺長黃琇魚電稱：「接廈臺電稱：『廈門海關已奉到總稅務司來電東沙燈塔暫不撤銷，屆時是否任其繼續管理之處，謹請鈞處轉陳海鈞部請示辦法。』等情。經復派員向巡公司查詢，據稱總稅務司對東沙燈塔一案，在財政部與海軍部未有解決辦法以前，決仍由關暫維現狀，並擬備燈塔用繩索等物，交並徵輪本月運島接濟。」等語；查海關亦同為政府所屬機關，今既表示在未有解決辦法以前，對於東沙燈塔仍為現狀並不中斷任務。職見擬靜俟鈞部與財政部決定辦法後，再行飭臺接收，以免誤會而生枝節。如何之處，伏乞電示祇遵。

吳振南叩

庚

海軍部函接收撤管東沙燈塔事經兩方公布仰仍遵前令辦理由

日期：民國 19 年 4 月 11 日（1930 年 4 月 11 日）

吳淞防庚代電悉。海關撤管東沙燈塔前由財政部於上年十一月間來文知照，即經飭臺接收，咨復財政部在案；上月二十五日海關登報並出示通告撤管，本部海政司亦即登報傳知，屆時接管均係據案辦理。事經兩方正式公布，並令行該處飭臺遵照在案，茲議變更殊失根據，仰即仍遵前令辦理，可也。

海軍部
真

海軍部咨以東沙燈塔經飭東沙臺接管希飭知海關由

日期：民國 19 年 4 月 11 日（1930 年 4 月 11 日）

為咨行事。查本部建設東沙燈塔目的原為指導船舶到達該島之用。上年十一月間海關聲明撤廢，經由貴部據情咨請知照，當經敝部咨復飭由東沙臺接管在案。上月二十五日海關登報，並出示通告該燈塔於四月二十日撤管，經飭東沙臺屆時接管繼續任務。事關該島航海交通。相應咨請貴部飭知海關，為荷。

此咨

財政部

部長楊○○公出
政務次長陳○○代

海政司函知東沙燈塔飭由該臺負責已咨財政部轉飭海關知照由

日期：民國 19 年 4 月 14 日（1930 年 4 月 14 日）

逕啟者：

東沙島燈塔前經財部咨據海關決定撤廢。上月二十五日，復經海關巡工司出示布告撤廢，即由海政司登報自本月二十日繼續任務。此後該燈塔之維持及任務，應完全由該臺負責，與海關脫離關係。茲為劃清管理期限起見，再由本部咨請財部轉飭海關知照各在案。嗣後東沙

臺一切供應海關，已無派船運輸之任務，該臺原係海軍
軍事區域管轄，所係未可淆混，仰及遵照，可也。

海岸巡防處呈東沙黃臺長請將燈塔事迅與財部確定妥洽辦法以免誤會乞察奪施行

日期：民國 19 年 4 月 15 日（1930 年 4 月 15 日）

部長鈞鑒：

頃據東沙臺長黃琇鹽電稱：「文三電奉悉。屆時自當謹遵部令接收燈塔，惟查關船並徵本月二十日離廈巡視各燈塔，約於二十六日到島。職臺自應向其宣告業奉部令接管，萬一該關船亦持有財部或總稅務司命令飭其拆卸或繼續管理，屆時各執一詞糾紛難免，且歷按海關來電，對於撤銷及暫行繼續等事，亦在在均以奉令辦理為言，同屬黨治機關職臺似有未便強制執行之處。現距關船到島尚有數日，琇職責所在不敢緘默，謹懇鈞處轉請海部迅與財部確定妥洽辦法分飭遵行，以免兩歧而滋誤會，實為公便。」等情。理合據情電稟，伏乞察奪施行。

吳振南叩

咸

海軍部函接管東沙燈塔事仰仍轉飭遵照前令辦理

日期：民國 19 年 4 月 17 日（1930 年 4 月 17 日）

吳淞防咸代電悉。已咨財部飭關遵照矣。查海關布告本月二十日撤管東沙燈塔，則二十日以後已無巡視該塔任

務，據報並徵巡船二十六日到船，又有暫行繼續管理之
意，該臺長但憑道聽途說遽行引以為據，未免過事張
惶。該塔係交通該島所必需，果有來島拆卸情事該臺無
論已奉本部命令則無可辭，即本自行防衛主義亦應強制
執行，仰即電令遵照。

海部
篠

財政部咨東沙島燈塔應請將海關前撥購買價款繳回

日期：民國 19 年 4 月 22 日（1930 年 4 月 22 日）

為咨復事。案准大咨以：「海關通告東沙島燈塔於四月
二十日裁撤，經飭東沙臺屆時接管，請飭知海關。」等
因。查該燈塔疊據查明對於航行毫無裨益，業經飭令裁
撤在案，如貴部認為該燈塔係為指導船舶到達該島之用
必須接管，只能作為貴部自用，應請將海關前撥購買價
款繳回，方能照辦。相應咨復，即希查照，為荷。

此咨

海軍部

財政部長宋子文

海政司函據航空教官趙志雄查勘東沙飛機場報告各點並附該島略圖一件

日期：民國 19 年 4 月 23 日（1930 年 4 月 23 日）

竊准廈門要港林司令函，據航空教官趙志雄查勘東沙飛
機場報告各點，並附該島略圖一件轉送到司。理合將原

函並附件簽請鈞鑒。

附呈原函件二件

海政司司長許繼祥

廈門要港司令部函

日期：民國 19 年 4 月 12 日（1930 年 4 月 12 日）

作屏仁兄司長勛鑒：

前讀大函關於東沙島設立飛機場一節，當經派航空處教官趙志雄附乘通濟軍艦前往該島查開。茲趙教官業已返廈，據云該島因地質、風向關係，於建築水機碼頭與陸機升降場，均難適合。茲將趙教官查勘報告各點並該島略圖寄上，敬希察鑒，為荷。

專肅與頌

勛祺

弟林國賡

附錄報告查勘情形與略圖一紙

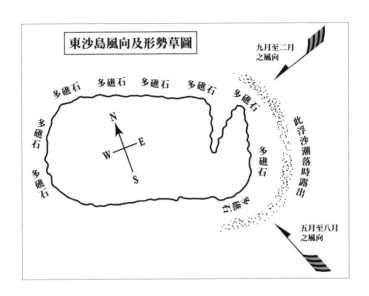

查勘情形報告

（一）東沙島每年自九月至翌年二月，常為東北向烈風，故此際浪大，飛機下降水面，殊屬不利。

（二）三、四月間亦多東北風，但較上述者為小，故於此兩月間可勉從島之南方升降。但該島沿岸地質全係浮沙，對於建築水機碼頭頗非易事。

（三）自五月至八月多，颶風若無，颱風即係東南風，飛機上下逆風為便，故升降須在西北方。而島之西北方，水面則多礁石，若欲勉強在南方升降，則因東南風向岸而來，波浪甚大勢不可能。

（四）該島地質甚鬆，全是浮沙掩蓋，故建築陸機升降場亦難適合。東南向水面潮退時，且露浮沙。

（五）綜上各節，東沙島每年祇有三、四個月可勉強

用水機在島之南方升降，惟是時，是處之波浪
雖小，亦非尋常港內可比也。

海軍部電以接收東沙燈塔之房屋器具等各項詳細數目電處轉部備查由

日期：民國 19 年 5 月 3 日（1930 年 5 月 3 日）

吳淞防箇代電悉。東沙燈塔既經接收，此後該塔一切任務，應即轉飭該臺負責管理，並將此次接收之房屋、器具等各項詳細數目電處轉部備查，為要。

　　　　　　　　　　　　　　　　　　　　海部

　　　　　　　　　　　　　　　　　　　　冬

海岸巡防處呈東沙燈塔海關既經通告撤銷及問巡燈司何得到島從事裝修自相矛盾請咨財部轉飭遵照以明權限

日期：民國 19 年 5 月 9 日（1930 年 5 月 9 日）

部長鈞鑒：

冬代電奉悉。經即轉飭遵照。昨據黃琇復稱：「燈塔房屋、器具、物料、清冊業已由港郵呈。」等語。一俟到處遵即轉呈。頃又據黃琇陽電稱：「並徵關船本日到島，職臺糧料均已照收，廈關巡燈司此次帶有修繕東沙燈塔鋼線等件從事裝修，經琇向其宣告東沙燈塔已遵照部令於四月二十日接收，此後一切管理及經費等項，應由臺負責辦理。據答此事並未奉令知照，彼個人不能為切實答覆等語；當以巡燈司此次到島，對於東沙燈塔並未有拆卸之舉動，且修繕等事亦關該塔安全，故未加阻

止。惟海關既已通告撤銷，而巡燈司忽諉為不知，此後
應如何辦理，懇轉請部示遵。」等情。查東沙燈塔既經
海關通告撤銷，又經海政司通告繼續，海關何得再事管
理，自相矛盾。擬請鈞部再咨財政部，轉飭遵照，以明
界限而一事權。是否有當，伏乞察奪施行並懇訓示，以
便飭遵。

吳振南叩
佳

海岸巡防處呈送東沙島燈塔清冊乞鑒核備案由

日期：民國 19 年 5 月 11 日（1930 年 5 月 11 日）
呈為呈送東沙島燈塔清冊仰祈鑒核事。竊據東沙島觀象
臺臺長黃琇造送點收東沙島燈塔清冊一份到處。理合抄
一份，具文呈請鑒核，伏乞賜予備案，實為公便。
謹呈
海軍部部長、次長
附呈清冊一份

海軍部海岸巡防處處長吳振南

謹將接管東沙燈塔造具點收清冊恭呈鑒核
計開

一、燈塔

鐵塔（高距高潮水平線一五四英尺）	一座
塔燈	全套

二、房屋

二層洋房	三幢

三、材料

塔燈（備用）	一盞
汽筒（有氣）	十一只
汽筒（無氣）	六只
汽表	一只
燈嘴	七只
工具	一套
洋油	十一箱
棉紗	十五磅
擦燈布	一打
魚油	一罐
黑油	一罐
白漆	二小罐
灰漆	二小罐
各色雜油	四小罐
胰膏	十磅
火酒	一加侖
擦銅膏	四盒
大小漆刷	十八枝
地刷	十只
長毛刷	四枝
長柄漆刷	四枝
白灰排筆	十枝
紅油	一小罐
胰皂	八條
銲藥	一瓶
手燈罩	八只
竹掃帚	三打
草掃帚	一打
白灰	三包
鐵鏟錘子	一小箱
油灰	二小罐

四、器具

木櫃	二個
枱子	二張
椅子	四張
櫈子	二張
木床	一張
時鐘	一架
枱燈	二盞

鉛水桶	二個
涼廚	一個
濾器	一只
小鐵鍋	二只
大鉛桶	一只
白帆布雨衣	兩件

代理東沙觀象臺長黃琇謹具

海軍部令據呈送東沙臺點收燈塔清冊准予備案由

日期：民國 19 年 5 月 24 日（1930 年 5 月 24 日）

令海岸巡防處處長吳振南

呈一件，呈送東沙臺點收燈塔清冊，請鑒核備案由，呈冊均悉；准予備案冊存。此令。

部長楊〇〇公出

政務次長陳〇〇代

海岸巡防處呈據東沙臺電稱燈塔拉線朽爛各節如何辦理候示

日期：民國 19 年 6 月 9 日（1930 年 6 月 9 日）

部長鈞鑒：

據東沙島觀象臺臺長黃琇庚電稱：「據燈塔看守人報告該塔第三節拉線折斷一條，當經詳勘該塔現狀，除第二節拉線經前次並徵關船來島修換，尚見完好外，其餘各節拉線上下銜接部份，均皆朽爛大有稍觸即斷之勢。又該塔本身各部亦多鏽壞，若不大修則一遇颶風隨時均可發生危險。職臺奉令接管責任所在未敢緘默，謹電稟聞伏候查奪。」等情。理合據情電請鑒核，如何辦理，伏

乞示遵。

　　　　　　　　　　　　　　　　吳振南叩

　　　　　　　　　　　　　　　　　　佳

海軍部電據報東沙燈塔拉線大有稍觸即斷之勢全臺危險所繫應由該處剋日僱定工程師前往驗修

日期：民國 19 年 6 月 12 日（1930 年 6 月 12 日）

吳淞防佳代電悉。東沙建築物多年來未經勘修，疊經令行該處僱用工程師前往該島查勘具報在案。現據呈報該塔拉線大有稍觸即斷之勢，全臺危險所繫，應由該處剋日僱定工程師前往驗修，並將臺屋及一切建築物一併勘驗，可也。

　　　　　　　　　　　　　　　　海部文

海岸巡防處呈據東沙臺電稱關船擬開島修理燈塔應否允許候示飭遵

日期：民國 19 年 6 月 12 日（1930 年 6 月 12 日）

部長鈞鑒：

據東沙島觀象臺臺長黃琇真電稱：「頃據廈關來電文曰：『Ping Ching due arrive Pratas from HongKong about 26th June on periodical visit taking stores, wire, stayo, and gas.』等語，應否許其開島，懇速電請部示祇遵。」等情。查東沙燈塔拉線折斷、塔身銹壞，前據黃琇電請興修，業於佳代電請示在案。茲關船復有到島修理之意。

理合據情，電請鑒核，如何之處乞電示，以便飭遵。

吳振南叩

海岸巡防處呈遵飭楊工程司到島勘驗款請速匯並將前電請示東沙臺添辦糧食及旅費各款迅賜核撥

日期：民國 19 年 6 月 20 日（1930 年 6 月 20 日）

部長鈞鑒：

前奉鈞部文代電飭僱工程司赴東沙臺勘驗一切建築，茲覓到楊錫鏐一員，係南洋大學土木科畢業、美國大學建築科碩士。現承辦交通部國際大電臺房屋、鐵塔工程，業與言明往勘一次給薪參百元，來回滬、港頭等船票及在港旅費約計肆百元，共柒百元先行給付。如逾三十日以外，按日補給拾元。查並徵關船約宥日由港開島，如蒙俯准懇賜電示，俾與訂約並請迅匯柒百元到處，以便轉飭該員趕乘漾日郵船赴港，為禱。

吳振南叩

哿

海軍部電所請僱定工程師前往東沙勘驗一切建築應准如擬辦理

日期：民國 19 年 6 月 21 日（1930 年 6 月 21 日）

急吳淞防哿電悉。所請僱定工程師前往東沙勘驗一切建築，應准如擬辦理。

海部

馬

海岸巡防處呈為請從七月份起撥給東沙燈塔經費祈鑒核由

日期：民國 19 年 7 月 21 日（1930 年 7 月 21 日）

呈為請從七月份起撥給東沙燈塔經費，仰祈鑒核事。竊據東沙臺長黃琇咸電稱：「此次關船到島，據並徵船主及巡燈司面稱：『此後東沙燈塔完全歸職管理。從七月份起所有該塔一切薪餉、經費概由職臺支給。』等語，懇予轉呈海部將職臺經費從七月起照給俾資辦公」等情。經向滬關查詢據稱：「確從七月份起停給，並稱此後關船不再開島。」等語。理合據情，呈請鑒核，伏乞飭照規定該臺燈塔經費從七月份起撥給，以便轉發，實為公便。

謹呈

海軍部部長、次長

海軍部海岸巡防處處長吳振南

海岸巡防處呈東沙燈塔應配各件擬俟勘驗工程師報告到後於興修時一併辦理

日期：民國 19 年 7 月 22 日（1930 年 7 月 22 日）

部長鈞鑒：

查東沙請撥燈塔經費一案，業經呈請鈞部鑒核。一面又電飭該臺將燈塔現存有汽汽筒若干，可以用至何時及油漆雜件等項，詳細具報。頃據黃臺長皓電復稱：「有汽汽筒自四月二十日接收後計用五個，尚餘六個。此後並徵到島又帶來裝汽汽筒六個，共存十二個，可供八個月之用。至油漆雜件均已用罄。並徵帶來拉線四條，比較

原線大逾一倍亦不合用。又備用塔燈一盞復為巡燈司攜
去。以上各件均須添配。」等情。查該塔有汽汽筒一時
尚不虞缺乏。所請添配各件，惟有俟勘驗工程師報告到
後，於興修時一併辦理。謹電肅聞伏祈鑒核，為禱。

吳振南叩

養

海軍部電關船並徵攜去東沙備用塔燈著由該處 尅日向海關追還

日期：民國 19 年 7 月 24 日（1930 年 7 月 24 日）

吳淞防養代電悉。查本年五月間，該處呈轉東沙臺接管
燈塔冊報內材料項下列有備用塔燈一盞，何以此次並徵
到島該備用之燈竟為巡燈司竊去，該臺長所司何事，實
難逃失察之咎。現該關船應已到港，著由該處尅日向海
關追還並仰具報為要。

海部

敬

海岸巡防處呈送楊工程師勘驗東沙臺建築報告 書並請增設鐵工下士及花匠各一名

日期：民國 19 年 7 月 31 日（1930 年 7 月 31 日）

呈為呈送工程師楊錫鏐勘驗東沙島建築報告書，仰祈鑒
核事。竊職處前奉鈞部令飭：「僱用工程師前往東沙島
察勘臺屋脊一切建築物。」等因。遵即僱定建築科碩士
楊錫鏐前往勘驗，並經奉准在案，茲該員業已勘畢回
滬，繕具報告書二份前來。核其所報各節，該臺全部建

築均應加以修理，而尤以油漆一項最為急要。查鐵塔油
漆工程據沈前臺長面稱：「曾於去年三月、九月油漆兩
次。至其易於剝落之由，實因時受含有鹽性之海風、雨
侵蝕所致。又據黃臺長函稱，職臺吳現電鐵塔兩座各高
二百六十二呎，而泥木工匠僅有二名，故工程甚見疲
緩，往往油漆未乾已為風雨所侵前功盡棄。」各等情。
現據楊工程師報告前因，除飭黃臺長督率泥木工匠二
名，盡力工作趕將鐵塔等項工程如法先去舊銹，次施紅
油，然後加漆，以期耐久外；理合檢同原送報告書一
份，具文呈請鑒核。擬請鈞部准將東沙臺編制增設鐵工
下士一名、花匠一名，俾資整理而免荒蕪。至於該臺全
部修理，應如何派船僱工前往估計之處，伏候察奪施行
並乞訓示祇遵。

謹呈

海軍部部長、次長

附呈楊錫鏐報告書一份

　　　　　　　　海軍部海岸巡防處處長吳振南

勘驗東沙島無線電氣觀象臺工程報告書

　　東沙島處南海之中，在香港之東南約一百五十英
里。島不甚大亦不甚高，最高處離海面不及二十尺，而
建築地點更與海岸相近，故各建築物受含有鹽性之海豐
所侵蝕之性度，亦較普通海島較深。尤以鋼鐵建築物為
益甚，更兼島上交通不便，凡各材料均感缺乏略有損
壞，修理為難，至近日而甚益，全部修理之工作似不可
一日緩矣。

　　總計全島各項工程大約可分為下列四部。（一）無線電鐵塔二座，（二）燈塔一座，（三）觀象臺急電臺房屋一座，（四）井一口及蒸餾機房一間，及其他各較小雜項房屋，茲就各建築詳細情形，分別述之如下。

（一）無線鐵塔

　　現狀──該鐵塔二座，高各一百八十尺。材料頗為堅固。一切鋼架之大小及牽條（Guy Wire）之多少與布置均較在普通情形下所應有者為堅固，在建築根本之力量上，當不致發生若何問題。該燈塔之地位離海亦略遠，故受海風侵蝕之程度亦略淺，惟因常在颶風勢力之下及天線之載重致二塔皆略巷內傾倒。外面之牽條均尚緊，而內向之牽條則略形下垂（第二圖），似因各牽條之螺旋扣（Turning Buckle）日久生銹，不克時加矯正（Adjustment）有以致之，各鐵角等面（Members）及冒釘螺旋等處均起鱗銹，然尚不致腐蝕耳。

圖一　鐵塔遠眺圖

　　　兩塔略向內傾，惟不若圖示之甚，此圖半因攝時鏡頭向上，故似傾側益甚耳。

圖二　鐵塔近視圖

　　　有 X 處為內向之牽條，注意其略形下垂。

　　修理方法──該塔除應重施油漆及將 Turning Buckle 等之鱗銹除去，及略行糾正外，可不需其他之需理，惟油漆一事有應特別注意者在。據聞該鐵塔一年內曾經重油。然察其形狀殊不相類，一似久未加以修葺者然。

　　或因主持該重油工程者未深諳油漆之步驟，而貿然將新漆罩舊漆上潦草曾事，有以使然歟。按之普通油漆步驟凡鐵質上之須重施鬃漆者，應先將舊漆及一切銹鱗用鐵斧完全鑿去，使鐵面清潔而完全暴露。先施以紅丹油（Red Oxide）一度，然後將擬罩之油漆加上使該新漆與鐵面能接咬堅牢，無剝落之患。至少可維持至二年之上，否則苟未有上項第一步之工作而遽將新漆罩舊漆上者，則一經風露之侵，即片片剝落，其效用直等於零耳。

　　鬃漆之外，祇須將該 Turning Buckle 等略事轉動，及將各牽條一一絞緊即可矣。

（二）燈塔

圖三　燈塔面

　　有→處即牽條斷下之處。

　　現狀——燈塔地位離海濱不及二百尺，故為海風所侵甚烈，其腐蝕亦較無線電塔為甚。有牽條二根已行中斷，其餘各牽條之鉤接等處亦亟亟可危凡各螺絲鐵板接筍處莫不腐蝕不堪，行勢蓋甚為危殆矣。

圖四　燈塔下部圖

　　鋼板角鐵等腐蝕情形可見一斑。

　　修理方法——燈塔之修理除與無線電塔相同，應重施鬃漆外，更應將各已腐蝕之牽條、鉤子等撤換新者；已斷之牽條亦配置新者。復以該塔地處海濱，油漆時應加倍謹慎，至少須紅丹二度，及油漆三度方可保二、三年內無銹蝕之患。

（三）**觀象臺**（Station Main Building）

圖五　觀象臺全景

圖六　觀象臺屋面圖

　　屋面白色處皆係裂縫而用木泥等物修補者。

　　現狀——該電臺係單層平屋面建築，因載重不大，故基礎面甚形堅固，下虞其他墻垣本身亦均完好可無問題。惟查該屋澆就水泥塊疊成，上敷以油毛毯及柏油等物，乃日久刮裂以致屋面滲透異常，近機器房處為尤甚。雖裂縫處隨時以柏油及水泥等物填補，然亦不克完全免漏。屋內平頂及墻上粉刷皆為潮時所浸透而剝落，是項滲漏雖似與房屋堅固上目前尚無大礙，然設積久不修滲透日甚，漸至雨水浸入墻身難保無墻身鬆懈之一日。考其致此，屋面裂縫之因，一以島上天氣酷熱，所鋪之柏油、油毛毯大行單薄亦易刮裂，而最大原因則屋內之機器房應負其責。按之建築慣例，如有引擎機械等件之在屋內者，該機器等應各自另有底腳，不與房屋之墻腳相連，以免機器之震動殃及墻腳而建築上受其影響。今查此臺內之機器當開動時全屋皆受震動，既無圖樣可以查復，不知是否該機器底腳與墻腳相連有以致之，斯或為建築計畫時一疏忽之點。該機器每日有十小時開動，全屋受此震動面遂因之而刮裂矣。

　　屋面滲透之外，尚有該屋之門窗均係鐵製年久失漆，乃受風雨等與鐵塔相同之待遇，更兼用以製門窗之鋼鐵俱係極鮮係之鐵角等，一經銹蝕即行腐爛，所有門窗什九乃不能啟閉。玻璃亦破碎過半有數處，出入孔道已易以木製者，惟大多數均為銹蝕過甚，不能啟閉之門

窗耳。

圖七　鐵門之一

　　有 X 處為絞鍊處，已翹裂不能啟閉。

　　修理方法——屋面滲透一層當分治標與治本二途並進，徒治其標，可於屋面加敷以上等可靠之避水材料即可，所費無多，工程易極簡易，市上通用之Silverseal或Composition Roofing 皆能合用。惟致此刮裂之主因未除，則雖目前修理完善數月之後將復行刮裂，故最妥莫如作根本之補救。如能於屋外擇相當地點，另建引擎機器室一間將機器等遷入該室則為上策，或者將各機器底腳重行做過使不與墻腳相連亦可有效，惟必須將地板等完全拆去及挖掘工作等，恐反不若另建一事之為簡捷痛快耳。

　　致於門窗一層最好能完全易以木製者以免日久之復行腐蝕，且島上蚊蠅充斥，紗窗、紗門亦為必要。而現有之紗門窗等久以腐蝕不堪復用，亦應另易新者加以上等油漆而勤加處理，庶可常保完好耳。

（四）其他各項較小工程

　　井及蒸餾水機房一間尚屬完好，惟粉塵盡剝，祇略粉刷即可煥然一新。其餘房屋如燈塔管理室、儀器亭等皆完好如新，不須修理也。

第八圖　島上風景之一，燈塔管理室

第九圖　島上風景之二，建築觀象臺紀念碑

第十圖　儀器亭之一

結論

綜觀島上情形荒蕪特甚除房屋墻外，略有餘地及草中窄徑以供行走外，幾盡屬臻莽。昔日所敷設之輕便鐵道已半埋野草之中（第十一圖）；鐵塔、燈塔等建築及近處各附件易俱藤葛攀附銹蝕過半（第十二圖）。一種年久失修之情狀頗為顯著，推其原因島處孤海交通不便、材料不齊、工人缺乏為第一主因。而平日之乏人專司其事，大行忽視亦為費類之一大原因。房屋之因機器震動而致刮裂，固非平日注意所能挽救，但如鐵塔牽條之螺絲與夫門窗之銹蝕牽條之爛斷以及荒草之蔓延等等，設能於島上常駐鐵工、木工、泥水工及花匠各一人時加整理當不致圯頹致此之甚，且每年多耗之經常用費或能較數年一次之大修理更為經濟多多也。

第十一圖　鐵塔底腳，近處為搖天線之搖車，幾為荒
　　　　　草所掩，鐵鎖乃為藤葛之依附品
第十二圖　觀象臺遠視圖圖之下半，為輕便鐵道顯漏
　　　　　於荒草處之一段

民國十九年七月
工程師楊錫鏐

海岸巡防處呈報明廈關巡燈司取去之件係屬閃光明暗器並非備用燈已向冊關交涉飭令搬回

日期：民國 19 年 8 月 6 日（1930 年 8 月 6 日）

部長鈞鑒：

敬代電奉悉。遵即向海關交涉。據巡工司稱備用燈一盞須費萬元左右，東沙燈塔向無此項餘存備用之燈，廈

關巡燈司所取去者當係燈上備用之附件，俟電廈關查詢後，再行答復等。當經電飭東沙臺查復，旋據黃臺長復稱：「巡燈司取去備用塔燈，其英文名詞係為 lcam spare flasher sun value。」等情。經即派員分赴上海各洋行調查，乃知 lcam spare flasher sun value 實係塔燈上之一種附件，參考日本譯名則為閃光明暗燈，並非備用燈。因又電詢東沙臺，何以於接管冊內列為備用燈一盞，頃據復稱：「前次具報冊內所以列為備用燈者，係轉錄燈塔看守人之清冊，當接收以該物屬於射光部分，顧名思義尚無不合，故亦沿用此器，價值約港幣百元。」等情。綜核所查各節，則廈關巡燈司所取去者，係閃光明暗燈，而非備用燈；但塔燈既歸東沙臺接收，該巡燈司實不應復將此器取去。除再向海關交涉轉飭廈關繳回外，謹電稟聞伏祈鑒核。

吳振南叩

魚

海軍部令應商該工程師估計辦法呈復核奪至所請增設鐵工花匠准另案辦理

日期：民國 19 年 8 月 7 日（1930 年 8 月 7 日）

令海岸巡防處處長吳振南

呈一件，呈送工程師楊錫鏐勘驗東沙臺建築報告書，並擬請將東沙臺增設鐵工下士一名，乞核示由，呈悉。應照報告書內所指應行修繕之處，即由該處迅商該工程師估計人工、材料及日期，並承辦此項工程方法剋日呈復，以憑核奪；至所請將東沙臺編列增設鐵工下士一

名、花匠一名，准予另案辦理，可也。此令。

部長楊○○

黃琇報告書

日期：民國 19 年 9 月 2 日（1930 年 9 月 2 日）

撰寫者：警備科上尉科員黃琇

　　竊為氣象事業為用甚廣，舉凡航海、航空、軍事工程、農林、水利、醫學諸端莫不賴其輔助，比歲以來無線電報日見發達而氣象預報之效用亦日以廣，近十年來航海、航空遇險之率日漸減少，雖由於製造及航術之進步而得力氣象報告者實多。我國此種業務素不發達，統計國辦及地方公辦之觀象機關僅數十處，而報告效力克施及航海、航空者惟有東沙島觀象臺一處，現值訓政肇始建設，為先擴展氣象事業，實為建設要政，亦屬本司警備科職掌範圍，用特不揣冒昧謹就管見所及，凡前經條陳於海岸巡防處未見實行者，及最近與中外人士所討論而有待於進行者，敷陳數端效貢一得之愚糞作細流之助。是否有當，恭候鑒核採擇施行。

一、整頓沿海報警臺

　　按海圖自上海以迄香港海岸綿延八百數十海里，而遙在此兩點之間沿海各處均無無線電船報風警之設備，航行苦之，因有 Zone of Silence 之名。海岸巡防處創辦之初有鑒及此，經先後於嵊山、沈家門、坎門、廈門各處先後設立報警臺。十六年冬，沈家門報警臺以故裁撤，而嵊山、坎門、廈門三臺開辦數年以來，關於觀象

儀器差率之校勘至今尚無秩序，不特當地氣象觀測尚未達到可由無線電廣播之程度，即其觀測之記載亦覺未有頭緒，疏有失當日設立報警之本意，根本振頓辦法亟應派員前往各臺切實考查妥定，要設儀器場所訂正儀器差率，關於按日觀測記載，月報統計法則均應規定絕對遵守章程。以上各項既經整理後，當立即按日由無線電廣播當地氣象狀況，並授以預報原理，限以一年至二年之經驗，當由無線電廣播，並在當地公布本地及其附近二十四小時內天氣之預報，務始輪船、民船及一般民眾咸受其益而後可。

二、海岸巡防處應籌辦東北沿海預報

按上海顧家宅法國電臺除每日廣播徐家匯天文臺氣象報告，及暴風警報外兼營船隻，商報交通部以營業攸關曾屢次交涉，卒以該臺以傳播氣象事關公益，所營商報不過補助性質為詞，未肯停止營業。交部為杜絕藉口起見，經商請海岸巡防處按日上下午將滬臺所收東沙氣象報告轉送吳淞電臺交其轉播，惟東沙報告內容對於遠東各地氣象形勢，固經詳述其預報一項則只限於東南海濱及南海之天氣，於航行北洋船隻效用較尠。最近交部經復向巡防處探詢，可否於按日送發東沙報告之外，另發東北沿海及黃海、東海之天氣預報，果有此可能並請早日籌辦，庶可為將來制止法人兼營商報之張本云云。竊按氣象預報準確之程度與所收各地氣象觀測報告之多寡為正比例，海岸巡防處按日所得各地報告之數目與徐臺所得相同是，果有辦理此項人材，則預報東北沿海及

黃海、東海之天氣自無不能之理，現值國際地位平等之時，而觀象授時之政尚操自外人之手，在彼固斤斤以慈善為標榜，在我則實有失國際體面，故凡我領海天時之預報，自非自辦不可。

三、籌設測候臺

（甲）西沙島

按每年春、東兩季發生太平洋之颶風經行之軌道常由菲律賓南部經過，向西或西西南進行，趨入南海經過西沙群島附近，進迫安南海濱，又有發生南海之颶風，其策源地亦以西沙附近為最多，故西沙之於南海南部實與東沙之在南海北部處同一重要之地位。倘能於西沙群島中擇一適中地點設立觀象臺，不特航行，南洋船隻獲益無窮，即要安南海濱於颶風欲起之先預得警報，受利亦非淺鮮。往歲海岸處早有是種籌議，觀象儀器及無線電機一部分亦經購備，嗣以經費支絀，中止進行，但事關航海需要，似不能因噎廢食，仍應及時舉辦。

（乙）成山角

海岸巡防處前歲原有籌設成山角報警臺之計畫，嗣因軍事影響，弗克進行，現膠東秩序恢復，似應及時籌辦，茲將該地確有設立報警臺必要之點陳述如下：

（一）該地居山東半島末端，為航行北洋船隻經行之道，懸掛報警信號往來，船舶亦於望見。

（二）該地東瞰黃海，若擇最高地點設立測候臺，則其氣象狀況不受地形之影響，以該地觀測為標竿，用以推測黃海天氣當比較其附近之煙臺、

　　　青島各處較有價值。

　　　與船舶電訊交通便利，可免地質之阻礙。

四、東沙島之新設置

（甲）地震儀器

　　按地震原因近代雖尚在研究，未得明確之結果，但依日本學者大森吉房氏之研究，嘗以統計法證明在氣壓增高時較多，然每當大震之際狂風陡起，氣壓極低等現象亦嘗隨之而生，蓋因暴風經過之處，地殼受其影響，倏被壓迫，倏被弛緩，而其內部又適已達到可以地震之程度，故遂亦速其發。西曆一九二三年九月一日，日本大地震即屬此種現象，似可見氣壓高低與地震有相當之關係明矣。前歲，徐家匯天文臺臺長格神父曾函請海岸巡防處於東沙島觀象臺添置地震儀器。本年夏間，琇往該臺有所接洽，格神父復提此議，並謂若由巡防處直接或托由上海洋行向歐西定購此種儀器至少需費四千元，若以彼之名義代購連同運輸所費當不及二千元，至將來儀器運華後，彼願以義務的擔任指授裝置及運用方法云云。格神父熱心公益，殊足欽感，當經轉陳海岸巡防處，終以經費無著未能照辦，可否由部撥款購備之處，應候鈞裁。

（乙）高空測候

　　近年來遠東航空事業日見發達，香港、菲律賓及南洋群島間常有飛機航行，並屢經特約東沙臺供給氣象預報，為應航空之需求，增進高空預報之程度起見，似應添置美製氣象自記風箏（Probe Marine Construction of the Hargrave Cellular Kite），該風箏內裝置各種氣象自記計（Meteoragraph），凡氣壓、氣溫、溫度、風力等均能一一記載，並應購置德置測雲測影機（Photo Theodolite Constructed by O. Gunther of Braunschweig）於高空之雲向、雲速並可為精確之觀測，是不特增進高空天氣預報之價值，間接的且可藉以研究其與地面觀測相左之關係焉。

（丙）安設潮標

按《中國海指南》（China Sea Directory）載東沙島高潮差為九時二十四分大潮昇度（Spring rise）五英尺，每二十四小時潮汐一次，最高潮在望後三日云云，該島未設潮標。以上所述情形是否適符事實未敢斷定，但以琇在島三年之經驗，依通常目測深覺潮水之漲落甚不規則，尤其於颶風來襲之時，無論月之弦朔，時之朝暮，海潮漲高之度常與颶風中心相距之遠近為反比例。嘗屢於颶風經過之後巡視，環島海灘、水線所屆常較平日最高潮時高逾數尺，允見潮汐變差與氣壓不無密切之關係，若能於該島設立潮標，為定時之觀測，不特於航駛該島船舶多所便利，亦未始非預報風警之一助也。至以上安設潮標之任務，則擬請調派測量船行之。

（丁）本年五月第四次太平洋科學會議召集於南洋荷屬爪哇之 Batavia-Bandoeng，我國中央研究院曾經派員列席，查此次係討論關於東印度之珊瑚島嶼珊石地質與海洋氣候之關係問題，西曆一九三一年尚須繼續討論。按我國領海中之島嶼為珊石性質者，除西沙群島尚未有建設外，只有東沙一島該島屹立南海北部之中央，屬於海

洋氣候，其礁石之情形不無研究之價值。至研究要點，琇嘗閱此次會議紀錄，即在某方面、某深度、某溫度其底係為何種之珊質，係生存者或為已死者，環島珊石之配布是否同一種類等各項是種手續。擬請飭測量船安置潮標時一併行之。

五、編定報警信號

按徐匯天文臺所訂報風新例曾經遠東氣象會議通過，沿用已久，惟是項信號乃係普通警告性質，凡沿江、沿海有信號桅杆之設置者收到電訊，無論暴風相距之遠近，均須一律懸掛。此種信號在輪船望之，固可一目瞭然，無所疑義，惟以吾國教育之未普及，在普通民眾視此信號往往易滋誤會，蓋若輩僅知其為報風記號而不知所報者之地點，及其進行之方向，初則一見斯號交相，恫告為無謂之驚疑，繼之不見，有風則又以報告不準，司空見慣，即遇有暴風迫近本區亦且等閒視之。琇往歲奉令前往沈家門裝設觀象儀器時，曾有當地土著多人來臺環請解釋報風信號之意義，幾經舌敝脣焦而對於經緯度、強度性質等項終難領悟，故為求利益普及起見，必須於普通信號之外，另行編定最簡明之本地信號（Local steam signal），必於暴風運行將有影響於該地時懸掛之。

六、收回海關測候所

查我國江海各關附設測候所，凡四十餘處按月由滬關彙送各所測候月報表，內容錯誤之點甚多，其原因係

各關測候事務多由看守燈塔或潮標之人兼理，未有專責。至觀測之手續，儀器之設備亦欠完整，似應商請財部轉飭關司具體振頓，一面籌備收回自管。

七、本國商船應一律裝置測候儀器

按輪船裝設儀器觀測氣象，不特以之報告各氣象臺未預報之用，且可自為航行標竿，各國輪船不特無不裝置此種儀器，且有徵求各地觀測報告自製氣象圖。查本國各商船有測候儀器，完整之設備者極尠，有此設備復有定時之規測者尤不多，覻擬請飭由航業公會轉告各公司，所有商船均應一律裝置測候儀器，並按日訂時觀測報告復進氣象，以利預報而重航務。

八、提早拍發氣象電報

按萬國通例，氣象電報列為特等要電隨到隨發電，局不得滯留，良因氣象變化瞬息，不同電報遲到則明日黃花，奚補實用。近歲以來，我國軍事影響公報倥傯，各地電局視氣象電報若無足重輕者往往擱置數日然後拍發。我國測候所本極稀少，益以此種阻礙實予辦理預報業務者，以莫大之棘手。擬請咨商交部轉飭各地電局，收到各當地測候所所遞氣象電報均應提前拍發，勿得延悞。

九、統一氣象電碼

按預報天時傳播風警，首貴神速，各國氣象電碼均取一律所以節省時間，便利手續也。我國測候處所全國

統計不過數十處所，利用氣象電碼乃多至十餘種翻譯，
既感繁瑣易茲錯誤，時間尤多虛耗。擬請會商中央研究
院妥訂標準氣象電碼頒行全國，一致遵用。

十、養成觀象人材

　　竊按以上臚陳各項辦理無不需材，查海岸巡防處歷
辦報警、觀象各班前後畢業不下五十人，惟因近年對於
觀象事務無甚擴展，學員成之後既無相當位置，泰半各
謀生計，輾轉他就。及今在處服務者不過數人，若果切
實振整並謀發展則現役人員實屬不敷支配。擬請續行招
生若干名，嚴格考選限期畢業，以備遣用。

海岸巡防處呈報明東沙燈塔閃光明暗器已向海關交涉取回

日期：民國 19 年 9 月 4 日（1930 年 9 月 4 日）

部長鈞鑒：

查廈關巡燈司在東沙島取去燈塔附件閃光明暗器一案，
經職處向滬海關交涉追還。現此器已由廈關寄滬，本日
由職處派員前往滬關提取到處。計裝小木箱一隻，當經
點驗無誤，除與接濟東沙糧料一併運臺備用外，謹聞。

　　　　　　　　　　　　　　　　吳振南叩

　　　　　　　　　　　　　　　　支二

財政部咨總稅務司請撥還東沙燈塔代價及前撥製造巡船之款如未照造一併清還一案請查明照撥

日期：民國 19 年 9 月 9 日（1930 年 9 月 9 日）

為咨請事。查東沙島燈塔如由貴部接管，應請將海關前撥代價款項繳回一事，前經咨請貴部查照在案。茲據總稅務司呈稱：「案查裁撤東沙島燈塔一事，迭經呈奉指令准予裁撤在案，旋以海軍部擬由東沙島觀象臺接收該島燈塔，現在業經正式移交。惟查該項燈塔係於民國十六年三月二十四日，由海岸巡防處移轉海關管轄，於民國十五年四月二十日曾出代價銀洋二萬二千元。又曾由關款項下提出國幣二萬八千元，交由海道測量局製造巡船一艘，專備運輸送該島燈塔，及無線電臺應需材料之用。所有上項代價及撥交海道測量局造船之款，如並未造船，應請將轉咨海軍部一併照數撥還，以清帳目，為此，備文呈請鑒核施行。」等情。相應咨請貴部查照，迅將以上兩款查明如數撥還，以清帳目，為荷。

此咨

海軍部

財政部長宋子文

海軍部咨復關款五萬元請由財部欠款項下撥祇併劃撥西門子洋行暨戀業銀行及各商家欠款請查照辦理由

日期：民國 19 年 9 月 17 日（1930 年 9 月 17 日）

為咨復事。按准貴部十九年第 14659 號咨開：「為咨請事。查東沙島燈塔如由貴部接管應將海關前撥代價款項繳回一事，前經咨請貴部查照在案。茲據總稅務司呈稱，案查裁撤東沙島燈塔一事，迭經呈奉指令准予裁撤在案，旋以海軍部擬由東沙島觀象臺接收該島燈塔，現在業經正式移交。惟該項燈塔係於民國十六年三月二十四日由海岸巡防處移轉海關管轄，於民國十五年四月二十日曾出代價銀洋二萬二千元，又曾由關款項下提出國幣二萬八千元交由海道測量局製造巡船一艘專備運輸送該島燈塔及無線電臺應需材料之用。所有上項代價及撥交海道測量局造船之款，如並未造船應請將轉咨海軍部一併照數撥還以清帳目，為此，備文呈請鑒核施行，等情。相應咨請貴部查照。迅將以上兩款查明如數撥還以清帳目，等因。查前財政部積欠該測量局巡防處款項，截至十六年二月底止綜共計洋四十四萬二千零三十元均屬有案可稽，而該局處對於此項債務或出諸銀行挪借或掛欠洋行、商家，如現在亟待貴部撥給以資清理者，計西門子洋行欠款結至十八年六月底止，共欠美金四萬五千六百七十二元九角七分，又利息美金一萬五千四百零一元二角八分、規銀一千六百二十二兩六前三分，又利息規銀四百四十九兩五錢二分、洋元二千八百三十三元三角一分，又利息洋元八百十八元一

角三分；上海懋業銀行欠款結至十八年十一月一日止，
共欠二萬五千二百零三元六角三分。以上兩項欠款，現
經涉訟，敝部曾於本年四月十二日及八月二十二日先後
咨請貴部將此兩戶欠款先行擔任劃撥，庶免續加利息重
累，各在案。查十五年四月間該總稅務司所撥燈塔代價
二萬二千元，所有交收情形前經咨復在案；至購船之款
二萬八千元，當時曾購置瑞霖一船，現該總稅務司如認
此款五萬元仍應撥還，而海關亦屬貴部管轄。擬請即由
前財政部積欠該局處各款計洋四十四萬二千零三十元之
內撥還海關五萬元，並請查照前咨迅將西門子洋行暨懋
業銀行兩戶欠款亦一併撥交敝部轉處償還以清帳目，而
免涉訟。再該處尚有積欠其他商家各款以及附屬機關經
費計洋二萬二千餘元，現據該處聲稱各方亦催索頻來殊
難應付，並抄送各項欠款清單一紙前來，茲特照抄該清
單一份隨文咨請貴部併案劃撥以資結案。准咨前因。相
應咨復即請查照辦理，為荷。
此咨
財政部
附清單一紙

海軍部長楊○○

財政部咨復東沙島燈塔應撥還海關之款請在舊部欠款內劃撥一節實難照辦

日期：民國 19 年 9 月 29 日（1930 年 9 月 29 日）
為咨復事。案准貴部第 234 號咨略開：「以接管東沙島
燈塔應撥還海關五萬元，請由財政部積欠該局處款內撥

還，並將西門子洋行及懋業銀行等，欠款併案劃撥。」
等由；准此，查舊財政部積欠海道測量局及海岸巡防處
等經費，前准貴部來咨，當以舊部欠款本部無代為撥付
清理之責。所有各該機關對外欠款，應自行設法辦理。
業於五月八日、九月二十日先後咨復查照各在案。此次
貴部接管東沙島燈塔，應撥還海關五萬元，請在舊部欠
款內劃撥一節，實難照辦。相應咨復，即希查照。
此咨
海軍部

財政部長宋子文

海岸巡防處呈東沙臺風災損壞各件除已收復外餘俟明春接濟糧料時再行核估並飭將鐵塔妥慎辦理情形請鑒核

日期：民國 21 年 11 月 5 日（1932 年 11 月 5 日）

部長鈞鑒：

世電計蒙察核。茲復據東沙顧臺長電稱：「此次風災除
東南鐵塔吹倒及天線、地網線、木桿等折斷情形，業於
艷電呈報外，其附屬之絕緣器亦全數跌碎，幸有備件可
用。又風向器之珠盤軸承受損甚劇，臺屋東北兩面門窗
損壞多處，工人木屋及牧畜小屋亦被吹倒。現在除地網
線及木桿一部分業於當時修復外，支日又將長波天線修
竣成傾斜形已可與港臺用火花機通報，其餘以材料不敷
祇得陸續相機整理。目前所可慮者係東北燈塔拉線已斷
一根，其餘經此猛震亦均鬆動，刻雖勉強維持；但再遇
颶風即恐發生不測，且此塔若倒必向西南，則臺屋即遭

壓毀，謹再稟聞伏祈察核。」等情。查此次颶風該臺適
處中心，以致受損極烈。現在重要工程既經臨時修復，
其餘應修各節祇得俟明春接濟糧料時再行核實估計，至
於該臺鐵塔二座，昔時因欲與吳淞直接通報，為增加效
力，計故高度均為二百五十尺。自短波機發明後遠距離
通報均利用短波，而長波機則僅用於船舶通信，距離有
限。鐵塔已可毋須如此之高，本擬飭臺將東北一塔先行
拆卸一百尺，以免意外，惟慮臺上工人無多，且拆卸器
具亦無設備恐難辦到，茲已電飭顧臺長酌量情形妥慎辦
理。一面飭令龔技正先將東北一塔拉線盡量收緊，俾資
抵抗風力，而免發生危險，謹電稟聞，伏祈鑒核。

吳振南叩
歌

海軍部電東沙臺風災損壞各件應迅籌辦法負責遮派建設工程師赴島詳細勘驗估價呈部

日期：民國 21 年 11 月 8 日（1932 年 11 月 8 日）
歌代電悉國密。查東沙長波電力前經西門子公司約明須
達一千五百餘英里，故其鐵塔高度特定為二百五十尺，
所擬拆卸至一百尺則發電距離尚不及半，廣播氣候時較
遠船舶不能收到且與東亞各觀象臺設備獨異，至現時各
地海岸電臺及船舶亦仍接收長波為多。此次該鐵塔被風
吹倒，其損毀部分以及地基拉線如何修葺，應由該處迅
籌辦法負責遮派建設工程師赴島詳細勘驗估價呈部，以
憑核轉請款與修葺免危險為要。

海部齊發

海政司謹擬

11.08

海岸巡防處函東沙顧臺長報告颱風前與港臺通報情形

日期：民國 21 年 11 月 9 日（1932 年 11 月 9 日）

海政司許司長勛鑒：

頃接東沙顧臺長報告颱風前與港臺通報情形，據稱：

「十月二十八日颱風在本島東向一百五十海里時，准港臺電請自中午起拍發，本臺每小時觀測當以事屬歷年成例，自應照辦，自中午起至午夜止未曾間斷。二十九日零時起颱風中心迫近，本島風雨猛烈，天電奇強，呼叫港臺無效。二時許，本臺長、短波天線全體折斷，香港報務即行中輟。至九時，短波天線修復後，屢次試用三十六公尺短波呼叫不應。至三十一日下午三時半，呼到後即用短波行先恢復通報，當將本臺長波停頓緣由，佈告拍發。該臺並請該臺用長波代為播送，該臺允予照辦。嗣准該臺電請將二十九日，本臺每小時觀測補發亦予照辦，謹將與港方通報情形稟聞，伏祈垂察。」等情。敬聞。

吳振南叩

佳

海岸巡防處呈擬定東沙臺鐵塔重建與修建兩極辦法並燈塔是否暫修應用統乞核示

日期：民國 21 年 11 月 18 日（1932 年 11 月 18 日）

部長鈞鑒：

前奉齊電飭擬東沙臺鐵塔修葺辦法，遵即飭課與東沙臺精密考慮去後，茲據課臺分別詳報到處，計分重建與修建兩辦法，謹為鈞座一詳陳之。（一）重建辦法為恢復原狀仍保持二百五十尺高度，東南已倒一塔，既須新建東北未倒一塔亦須大修，而東南塔基更須重建，又兩塔拉線、洋灰拉樁、鐵筋等項均須另換新料，其鐵塔舊料究能湊用若干尚不可知，此項費用一時無從預算，非另覓建築工程師明春赴島勘估後不能確定，但約計用費必在數萬金已尚且費時甚久，明冬能否修竣尚不可必。（二）修建辦法則係兩塔高度均改為一百五十尺，將東北未倒一塔拆卸一百尺，即將拆卸之料移裝於東南已倒塔上，照此計劃則塔基既可應用鐵料亦可不添，僅換四周拉線及洋灰拉樁等項，預算除運費外約需工料五、六千元即可修竣，明春僱工購料隨船赴島工作，費時約三可月即可完事。至於高度改低並無關係，蓋東沙臺建築之時短波基尚未發明，當時欲與遠距離通信，故高度定為二百五十尺，但嗣後東沙對吳淞白晝通報仍覺困難。自短波機實用後東沙對於遠距離通信如小呂宋、上海等處早經利用短波，其長波真空管機祇每日兩次用為廣播氣象，平時與船舶及香港、廈門通報則多利用火花機，而火花機亦無須如此高塔，且按國際無線電公法船舶與海岸電臺通報應選擇最近者互通，故東沙臺長波通

報距離能及三百海里即足敷用。今將該臺鐵塔二座均改為一百五十尺高度，此後無論用真空管機或火花機均可應付裕如。以上兩種辦法究應採用何項為宜，伏乞察奪訓示以便再行飭課詳擬估計呈核辦。再疊據顧臺長電稱，東沙燈塔塔身本亦危險，經此颶風受損更甚，即使勉強修理亦慮不能持久，若欲一勞永逸勢非另鑒不可等語；查另建燈塔所費極鉅，值此財政支絀恐難辦到，是否仍暫修理俾為現狀之處統乞示遵，以便併案估計，為禱。

吳振南叩

巧

三　增建東沙島海事設施 （1934-1936）

原案單位：海軍總部
典藏單位：國家發展委員會檔案管理局

海岸巡防處呈請增設東沙臺高空測候繕具儀器及經費估單乞核示

日期：民國 23 年 7 月 2 日（1934 年 7 月 2 日）

呈為擬請增設東沙島觀象臺高空測候，並附開辦經常費用估單，仰祈鑒核事。竊據東沙臺長黃琇電稱：「職本年三月間在滬時，曾晤及徐家匯天文臺長龍驤齊，按云：『年來遠東海洋航空事業，日見發達，高空氣流觀測，實有重大需要。』東沙處香港、呂宋之間，若能增設輕氣球，測量高空風向風力，定時廣播，則南海航空必多便利，果能實施，本人願為介紹航空公司，酌致此種新設備之補助經費。竊按高空氣流之觀測，不獨便利航空，即對於預測天時之變化，及颶風之軌跡，亦均有實貴價值，且設備甚簡，需費不鉅，擬懇轉請增設，添購儀器並派員赴徐臺實習，以便下屆運倒裝用，實為公便。」等情。查航空建設，日趨發達，亟需高空測候之補助，故南京、青島、徐匯、漢口各氣象臺均已次第增設高空測候，以應需求。東沙為我軍軍事區域，位於南海要衝，此項設備似亦未可後人，該臺長所陳各節，實有見地，當經飭課查得甯漢、徐匯等臺，增設高空測用

之費用確多由中國航空公司補助，但東沙臺在本軍管轄範圍，此項費用似未便求助於人。理合將增設高空測後之開辦經常各費開具估單，隨文呈請鑒核。是否有當，伏候訓示祗遵。

謹呈

海軍部部長

附呈估單一件

海岸巡防處處長吳振南

增設高空測後費用估單

計開

開辦費

測量機	一座	約壹仟元
輕氣筒	十個	約壹仟元
跑馬錶	一個	約五十元
平衡機	一個	約五十元
備用輕氣球	約二百個	約二百元
裝輕氣	五筒	約二百五十元

以上約共洋貳千伍百伍拾元

經常費

輕氣球	三十個	約三十元
輕氣		約用四十元
表紙雜項		月約壹十元

以上月約捌拾元正

海軍部令仰將東沙臺歷屆測候紀錄及經驗著述與儀器之經過情形迅即具報

日期：民國 23 年 7 月 4 日（1934 年 7 月 4 日）

令海岸巡防處處長吳振南

案查東沙設臺觀象，迄今已十稔。每日按照各種儀器所測，當有紀錄，彙集定冊成編，為推測天災預兆之用。現屆十年，該島四時之氣壓、溫度、風向風力、日照、水溫、雲向、雲量、雨量以及蒸發微塵等，各種測候。得何平均，期間有何大事特記，應由該臺著述刊行，以彰成績，而增經驗。前項記錄，該臺曾■為保存，與已■款備發刊，亟應由該處督同辦理。至案查該臺原有儀器計水銀氣壓表四具，風向風力自記機全副，最高、最低聯合溫度表一具，最高溫度表一具，最低溫度表一具，乾溼求溫度表二具，颶風測驗儀一具，測雲鏡二具，日照儀二具，量雨計二具，量與水瓶一隻，自記氣壓表一具，自記溫度表一具，自記溫度表一具，舊式林氏風力計一具，自記量兩儀二具，乾溼球聯合自記表一具，是否均能適用，其中有無經過整理添置，十年之中，迄未匯報，合行令仰該處查明具報。切切。此令。

部長陳○○

海軍部令增設東沙臺高空測候一案仰先擬具派員實習辦法呈核

日期：民國 23 年 7 月 5 日（1934 年 7 月 5 日）

令海案巡防處處長吳振南

呈一件，呈請增設東沙臺高空測候繕具儀器及經費估

單，乞核示由，呈及估單均悉。應即先將派員實習擬具辦法，呈候核辦，估單存。此令。

部長陳○○

海岸巡防處呈遵擬派員實習高空測候辦法並需費數目乞示

日期：民國 23 年 7 月 11 日（1934 年 7 月 11 日）

呈為擬具派員實習高空測候辦法，仰祈鑒核事。竊本處前請增設東沙臺高空測候一案，奉鈞部指令第四五七四號開：「呈及估單均悉。應即先將派員實習擬具辦法，呈候核辦，估單存。此令。」等因；奉此，經即派員與徐家匯天文臺龍臺長磋商辦法，據稱：「隨時均可派員前往實習，約三星期即可完畢。在此三星期中，所放氣球及所用輕氣費，約國幣肆拾元，講義費約國幣參拾元，共計柒拾元，別無他費。」等情。茲擬派本處課員方均，及派處遣用之引水傳習所辦事員陳孝樞二員，前往徐臺實習，規定每日實習時間，從上午八時半起，至上午九時半止，以三星期為度。奉令前因，理合將磋商經過，並擬具派員實習辦法，具文呈請鑒核。是否有當，伏候訓示祇遵，並乞飭處匯款，以資辦理，實為公便。

謹呈

海軍部長

海岸巡防處處長吳振南

海軍部令所擬派員實習高空測候一辦法及需費應照准

日期：民國 23 年 7 月 13 日（1934 年 7 月 13 日）

令海岸巡防處處長吳振南

呈一件，遵擬派員實習高空測候辦法並需費數目，乞核示由，呈悉。應照准。此令。

海岸巡防處呈關於東沙臺高空測候應用之測量機如由徐家匯天文臺定購僅需半價並宜先購以便實習候示

日期：民國 23 年 8 月 9 日（1934 年 8 月 9 日）

部長鈞鑒：

查本處前次呈請增設東沙臺高空測候一案，開辦費項下所列測量機一座估計係壹仟元正。茲據徐家匯天文臺龍臺長函稱：「如由渠出名定購，僅需半價並謂若能先行購到此機，於實習上亦方可完全。」等情。理合據情稟聞鈞部，如准予增設東沙高空測候，此機自以先購為便。如何之處，伏候電示祗遵。

吳振南叩

佳

海軍部電東沙臺高空測候應用測量機應俟有款再行核辦

日期：民國 23 年 8 月 15 日（1934 年 8 月 15 日）

吳淞海岸巡防處吳處長佳代電悉。所請東沙臺高空測候應用測量機，如由徐家匯天文臺定購僅需半價。候示一

節，應俟有款再行核辦。

海部

刪

海政司謹擬

東沙臺臺長方均臚陳各項意見

日期：民國 24 年 8 月 30 日（1935 年 8 月 30 日）

厚帥夫子大人：

敬稟者違嚴訓懷，仰實深敬維勛勞懋著政績，聿宣為無量頌，舊歲均奉調魚雷營教課，滿望得親教益，遽知事與願違，殊深悵恨。春初鈞座入京視事之頃，即蒙委派來沙，鈞才菲學淺，屢蒙厚愛，敢不竭其心力以報鴻恩，臨行本擬進京叩謝並請訓示，曾陳請處長渠以向無此行之例，可以不必為辭，深恐啟人疑忌，未敢冒昧。前謁來沙數月，幸叩福佑諸多順適，敢以告慰，抵島黃琇晤見，即哭訴許多苦情，力為惋勸，始稍定心神，見其萎靡已極，深訝何以伐傷至此，囑其回省善自調懾，何期竟從此而長逝，深感痛惜，究其致病之由，始自迭年受人誣害，近以購辦臺艇不順，又終日埋首於編著沙臺十年報告書，以致心身受苦，尋檢櫥中寄呈鈞座之函壳有數十封之多，封之又拆、拆之又封，似有萬千愁緒，訴不盡之懊，不知果有函陳否，鑒此，知其心力俱盡矣。查沙臺成立十載，一切經營諸賴其才，中為非軍官長沙三載。臺事儀器倒置逆施，雖經其整理，然難復舊觀，均接管後復為頓治，現氣象重要儀器已可準確，電機效率大弱，無法復元、鐵柷銷蝕、臺屋滲透，已據

情呈報請修，倘再遷延，危險堪虞。至於臺中事多制肘，每下情未能上達，茲謹以鄙見所及瀝陳於後，倘蒙不棄末議准予興革，海軍有光，國家裨益，沙臺之幸也。臺中編制，無書記司繕之人，均又軍人粗笨，對於文理字跡太欠通順，藉在師生之誼，敢以圖鴉冒瀆座前，望展鴻慈不加究斥，不勝惶恐之至。

謹此，虔叩，鈞安。

受業方均稟

八、卅

此函托中央研究院馬廷英回寧之便郵程呈。

意見書

東沙海產

　　東沙特產，名海人草生長海底，形如雞膠菜，但有細絨，可持取山道年 Santonine、碘化鉀 Pot. iodide 及燐 Phosphor 等原件，而山道年與金同價，用途最廣，專醫迴蟲病，日人喜食生魚片，此病最多，不但醫人，且可醫馬，故亦近今軍事上之要藥。現臺灣政府獎勵其漁民前來偷採，不時特派軍艦前來保護之。東沙之外，呂宋有之，但數量不多，其政府處置極嚴，日人不敢往取，均在此數月中，盡力探查日漁船約有十五隻來回採運，漁人約有百五十人工作，其運返臺灣者，共約六千擔，聞每擔價卅餘元，共有十八萬餘元，除開銷三分之一外，可盈餘十二、三萬元，約國幣十萬元；產魚量亦大，現未調查，聞每年亦有八、九萬元之收入，此中權利頗大，亟當禁止外人，收回自辦。

三年規劃

　　東沙、西沙既劃為海軍軍事區域，自係特區，不規省界，凡百均應守機密，豈容外國人及非本軍人員自由來往，據地營業等事，應呈請軍事委員會、國民政府嚴令禁止，以伸威權，凡非奉本軍許可，不得來此停留，以及自由營業等事。自行另設機關專司島上行政，籌款六、七萬元開辦海產，在廈設立辦事處購置柴油船（每隻六、七千元，可裝三、四百擔），招僱漁夫備購糧食、油料等，夏秋來島採取海人草，春冬可往西沙取貝殼、魚類等，三年之後，東沙經常費、西沙開辦費既可仰仗其自產中矣。查悉日人持取各藥之法有一特製之爐，價值十餘萬元，以海人草入爐，燒而成灰，由灰而結塊，再加以高溫度，則由塊而晶矣。此爐長年不能停熄，海人草亦日日加入不能斷，方能不斷持取各藥。今粵省派人來島，渠大恐惶，終費二萬五千元之運動費，一萬五千元之稅費始能如願以償，倘我軍禁止外人來偷，自行採取，存廈發售，不怕其出重金來購，且可由我定其價值也，三年之後中國海之軍事上設備亦不虞無款具辦矣。海人草不虞人來盜，因此草取上，立即運岸曬乾方可取藥，如經一宿或被雨淋則糜爛，一文不值，如不許人登岸曬草，雖採之無用也。

籌費與西沙建設

　　西沙在南海腹部，亦颶風必經之地，可設一次等之觀測臺，不必如東沙之大規模，每日能供東沙之觀測，各項氣象材料複播東沙之氣象報告，已大獲益航海也，

建築費有六萬可數，材料費有五萬元可辦（聞以前十八萬元包人建築），倘自行建築可餘數萬完，為開辦東沙海產之費矣。

互惠辦法

查日魚輪，知其冬季均在西沙取魚取貝，該時季風在中國海北部強，西南部天氣甚好，來此十餘艘中，均有去過西沙，可見航程非難，而此類漁船行之頗安全，如以西沙建築費先行購船僱人夏秋到此採草，運返廈門發售，將售款再行購料，運西沙建築，冬春二季諒可完工，餘款與船次年可繼續採草，兩全其美也。又均今春赴任前，曾往廈門接收臺用氣艇，在廈塢外有日本漁船多艘，在塢修者有三艘，係水警購的，經多方探悉，始得其來源，蓋臺灣糖產進口，每包海關收稅廿元，故有奸商聯絡臺人專營走私法，以是項魚船五、六艘滿裝日糖，次第由臺開廈，如海關巡船來截去一艘，其餘則聞風速駛入他港，有最先被其截去一艘，須拖入廈港，則口外無關船，渠輩可自由行駛。此糖多運入同安、石馬、金門各小港卸貨，設六艘之中不幸截去一艘，其餘五艘之盈利可抵三、四艘之本，倘截去半數，尚未蝕本，故源源而來，截之不已。廈關將糖拍賣充公外，此輪不能再買，防奸商仍購作運私也，只有公家或軍事機關可隨便給費，即可購得水警之三艘，不及六百元，在塢修理僅五、六百元，即有三艘好巡船應用矣。倘以建築西沙之用，可咨請財政部撥用，如廈關截得是項日漁船，概撥歸廈門之海軍西沙氣象臺籌備處作為運輸之

用，當可獲准。有此船十餘艘，則東西沙之運輸，以及魚業、海產均可利用，不必僱輪，西沙建築自可早成也。

禁止粵辦

粵之駐島辦事員本屆亦搭僱輪回粵，據稱渠回局報告調查海產情形，預備明年僱人購船自辦，並擬以十萬元為開辦費等語。但閱其來往文電中，粵廳似仍與舊辦之粵人馮德安妥協明年仍由其包辦之勢，此人在島數年中並無自行僱工備船下海取草，仍與日人坐地分贓，收其稅或分其草，且如強盜，在島反客為主，鄙視我人，因數年亦不納粵所稅款，故啟今年粵所自行來島開辦之事，粵亦以派艦運輸不便，又經我軍責問，故明年仍擬由馮德安包辦為省事也，故必當禁止，以免仍與日人構節，入我禁地，有損軍威也。

無線電機器

近世學術進步，發明各種長短波機器避免擾亂發報，迅速省電節費，故舊年華盛頓世界無線電會議公決火花式長波機於本年末作廢，利用各種新機通報，而西沙臺之火花機亦應停用，以免擾人通報，致啟責問。查近來中外各岸臺、輪船均已次第改換新式之 ICW 式長波機，以代工作，東沙臺尚未計及，按沙臺為海岸巡防處管理，對於此節，何不注意。及之，均到島後，方知此事關於國際信用及軍譽，亟當早購乃飭袁技正策畫一切，乃以最廉之五百華航 ICW 式真空管長波機，為請

造就計畫書、材料冊呈文等，趕托日魚輪船寄出，於六月半到達淞處，屆時不知何故，尤未呈部。延至七月廿七日接得處電云：「所請添設五百華托真空管新機一案，經據情轉呈，茲奉部令開，東沙於建設時已由西門子公司裝有真空管電機，現時該臺廣波氣象之長短波即用該機，所請另裝新機未便照准；至火花機早應廢棄，應准停用。此令。」等語，接電之下，深為奇異，屆時鈞座諒已出京檢閱，電文中頗多疑點，查西門子之機器係老式之 CW 式真空管長波機，與所請完全不同，現廣播氣象之短波機不能利用於西門子之長波機。又火花機定本年末始停用，尚有數月之時間可用，且此項停用之時間以及改用何種機器替代火花機六百米突工作，應先數月，由部飭海澄測量局發出航海通告，及刊登中外各報，通令各機關後，方可停止。倘當時奉到此電，即刻停止，不貽人笑柄，啟人責問，故仍用之廣播氣象。一面電復巡防處，請再據情呈部，至今未聞決定辦法，日夕懸心，本屆運船已趕不及，又此項新機似必須添置，理由已據實電處，諒已轉呈，萬不可再延。倘明年元旦無新機替代火花機六百米突工作，終屬欠妥。事關海上公安，國際榮譽，未敢含默，謹據情稟報懇亟設法補救，為禱。

氣象儀器

高空測候

　　東沙島位在南海之北，南海各種氣象應詳為探討。臺中新添有地溫儀器，海中有水溫表及海水比重器（係

中央馬延英來島時所贈）外，而高空氣象尚欠研究，
六月廿四日接得香港天文臺來電開（Sue to Pratas from
director R. A. F. flying boats leave 6am June 25 for Manila
stop very grateful extra observations 0900 gmt today giving
cloud particulars etc. in clear on international code H. K.
obey）等語；接電之下深為汗顏，後只以所知者告知，
次日果到來兩飛機環島三匝後，向馬尼剌飛去，想東沙
既以氣象臺為名，高空氣象應有觀測人，既以此為請我
臺乏辦以對，實感不安，設今春准辦由均帶島從事觀
測，當時立能盡量告之，何等光榮，且此器測驗颶風亦
為重要，後應籌置之。

地震儀器

入島以來，數度下海考察，海底有各種珊瑚外，
尚尋見焦石如炭，以及火成石、烙石（輕石一名浮海
石）、石灰藻等數種，證此，知東沙原係一峯火口，因
火山爆發而成此島，倘於是島設置地震機而測量之，當
極準確，且此機與推算颶風有連帶關係，故各氣象臺皆
有置之，沙臺後此，亦應置機研究，以利報風。

自記量雨計

沙臺此機原置庭中，離地面三尺，四週無建築物之
阻礙，以之記載雨之降量及其時，在故臺長任內移置屋
頂，用橡皮管通入氣象室，則將其自記部分裝此室中，
接於管下，又將玻璃蓋取去，如是則不必冒雨觀測矣。
現生銹，記載完全不確，可當臺上一古玩紀念品看耳。

現在降雨量，另置量雨器於庭中，每三小時用量雨玻璃杯量之，尚能準確，惟時間一節，則由各觀測員之臆斷，而記載自難正確，此機亦當重置，以重測務也。

修建鐵桅

臺中兩鐵桅原皆二百五十呎高，南桅在李臺長任內拆倒只餘四十餘尺，後加高置一百尺，所加之材料皆舊料，大小不均。北桅銹蝕，已據情准先卸去數十尺，重換拉線，加以油漆，諒可保一時之安全，惟兩桅均須大修。前由袁技正造計算書，自行購料，僱匠修理呈處，乃奉令要技師來島勘驗興修，處中派前修南桅之錢公記，飭一工頭前來估修，此廠工程實未高明，想其估價比自建必昂貴，而技術不可知也。

修理臺屋

臺屋於廿年春，李臺長任內修理各處門窗，原皆鐵造，因受風雨中夾帶鹽分之侵襲而銹爛，乃全換以洋松木所製，此木最鬆且生白蟻，不及一年已生不少，隨換隨生，蔓延至速，每夜飛集各房，至為擾人，且礙及報房工作外，平中糜爛，遇大風時或全扇連框扑倒必重加大修，擬換以柚木製造，可用多年；屋面滲漏不堪，下雨時水濕房中電燈線而觸電，全臺息滅，走電亦多，每不知何故，電瓶忽然無電，乃半夜開機始能發報，每下雨必因此尋討其原因，數日始得，不但傷及蓄電瓶且傷機器，此節極為擔憂，故屋面必須全部修理；四面地基下塌二、三寸，因受機器之震動（機房在臺屋之正中）

前以石門汀作斜板以撐護之，因其中空，現已龜裂碎塌，與牆基完全脫離，亦頗危險，擬將斜坡改作實心倭廊，則雨水不能侵至牆基，則基中沙石不至被水沖，實基隨之下塌矣。一切計畫，自繪一詳圖並附理由呈處，不知奉准否。本屆處派前修淞處之唐泉記飭一工頭來島，估計不日可到。粵海產公司有前建築沙臺之工頭一人前來，意願估計修理，查知係現廣州黃元記建造廠，且在港有舖保，據云臺中之建築、骨架、地基等情形瞭如指掌，現應如何修法，可保長久，言皆有理，知其老於工程之人，想粵人來島比江浙人安全且渠可省工人之滬港旅費及材料等運費，港之柚木價比滬廉，倘由渠修理，比唐泉記可省數百元，故亦飭其估價投標呈處，且投標修理可杜弊端，以節公帑也。

臺上事務

　　本軍各機關編制至小，如炭、煤、棧均有司書一人，惟沙臺獨無，按月報銷冊、來往文件均當託人辦理，予人津貼費。本屆起又加煤費數十元，皆出自薪俸，此尤小節，惟臺事太忙，除每日兩次繪圖作氣象報告外，兼管三餐，開飯應用何菜，以及米、麵、饅頭、豬、雞、鴨、青菜、燒汽水等事繁不勝繁，臺員伙食只出廿五元，士兵麵食十元，倘不節省，倍貼事小，糧絕事大。到島後設立糧食委員會，由各臺員公舉委員，管理各項伙食應管之事，負責辦理派士兵專司種菜者一人、牧畜者一人、製豆腐者一人、造麵與饅頭者一人、燒汽水者二人分別工作。上屆四個月中給算管員伙食費

每人可盈餘八、九元，既省費又省事，此尤其小事，因此臺中多有青菜兼食，減少疾病，受惠實多也。下屆又添備鐵絲網，圍一五方丈大之雞場（原有一個，乃雞鴨雜居其中，皆不能卵伏孵），又由香港購一電氣冰箱，計四百餘元，以之貯存魚肉及重要藥品不至糜爛。一切衛生設備經改善，頒定夏季工作章程，使士兵遵守；軍裝一項，已電處請領；雨衣一項最為需要，不知有否准發寄島。現島上既有其他機關設立，軍裝、軍紀、士兵精神不可不考究也。

島勢之調查（附草圖）

島之西有通海小湖，湖高時有七、八尺，落時中有一、二塊淺灘現出水面，實最好之水飛機場，日人云可養真珠貝，產蠔頗多，大者有數斤，味美。近樹一銅牌於湖處，名曰劍湖，以紀黃臺長經營沙臺之功績也。惟湖之東北隅勢將通海，查考一九一一年海圖，湖邊距海約九百尺，今日量之只九十尺，廿四年中已塌去十分之九，平均每年東北海岸塌去三丈餘，現高潮海水已可隨浪沖入湖中，不數年必分島為二，而臺屋適建在此角上，勢極危險；島南海邊沿岸有申長，來往量之不知其申度，證此，知全島向西南徵移之勢。

東沙運輸

東沙距廈門三百四十哩，香港一百七十哩，每小時能駛十海哩之船，一日可到，日漁船由臺灣到此最多四日即到，航程似非困難，如定安、克安兩運艦均可前

來，現香港所僱之船亦不過此，大小破舊不堪且無房艙，每小時約行六哩，以合約關係不管添氣好否，到期即行。四月間颶風正在南沙臺，風力五級，仍行開來，黃臺長因之終夜不能眠，幸次日颶風消滅，浪仍頗大且下錨甚遠，運貨困難，米、麵等損失不少，額外索費尤多，租價既貴又感不便，其間黑幕頗多（聞港之代辦人阮漢卿君一家，薪火全靠每年兩次之停船費、代辦糧料費中）。竊以我軍航海學術，何處不如外人，何必依人成事，倘自行派艦運輸，一可省滬港間糧料運費，每年約可省萬餘元，我軍務當作好事。來此救難船一年兩次公私，均叨大惠，此實均之萬分懇禱者也，臺上只備小汽船一艘，故每屆均當另僱汽船、駁船工人等，三日之工方能搬完，倘過期一天，每天必加港洋四百元，此項苛約我軍雖無艦亦難承受也。

廈門電臺

巡防處鑒於廈門之氣象，與東沙關係至鉅。因颶風多由其地附近登陸也，乃商請廈部合作，建築費廈部六成，巡防處四成，經常費各半，裝設氣象儀器，每日與東沙通報兩次，餘均廈部通訊。自歸海軍後，編制小巡防處，另派觀測員辦理氣象，由是，報務與觀測分開，但極為不便，茲就最近之事時論之。上月卅日颶風在臺灣海峽而向西行，正由廈門附近登岸，但經其北過或由南過，大有關係，必有廈之風向，是左轉或右轉方可決定，當立電李景杭，請其作每小時之觀測見告，但其電告之電官不明此中重要，不能每小時通報一次，至夜九

時以後，則呼叫不應，直至次早七時方將昨報電來，颶風已深入內地。且李景杭怠惰成性，懶於每小時觀測，風向、風壓多錯誤發來，有心亂人推測風之中心（此節已據情電處檢舉，請調他員接替，未卜有轉呈否），其後未令其停止，自行不測不報玩忽職守。於此可見，以上各事皆電臺不能合作之病，倘如嶀山、坎門兩電臺其報務與觀測皆輪流值班，其電官皆來沙過，深知此事關係航海安全，每遇颶風可指揮自如，深未沙臺臂助，懇廈臺重加整頓，如挑召前已來沙之電官，如陳在衡、鄭國英、前坎門電官羅孝珪等員充任，亦飭其兼職觀測，則不但軍報無誤，而沙臺大有利賴也。駐廈之兩觀測員可裁一人，以節公帑。

巡防處電報室

　　巡防處之電臺前年奉令由課員負責，各電官均調艦上服務，但陶鈞係課長，工程人才，不能收發，且有其無線電營業為忙。葛昌鼎與林元鏊皆年老手笨，亦不能值班，只電官一人（曾元湜）後經處長同意，私僱來學徒數人替代值班，由處貼其伙食，陶鈞等每人津貼其零用費，方能繼續工作，但此輩收發欠佳，每有錯誤積壓情事，氣象英文報告時收錯，長此蒙蔽長官殊屬非是，亟改革之。查處中有專司觀測課員許建鍾、葉其臻等完全無用，連葛昌頂概可裁汰，另調本軍電官中由巡防處出身者，如方仰峯、翁家駒、余長升等充任課員，則報務與測務均有人兼職不致誤公矣。

巡防處現況

巡防處之重要工作係每年兩次代辦東沙糧料、僱輪調派人員等，其他公事極少，故前由測糧局局長兼之，茲就各課人員及辦事現狀詳為稟報：

巡揖課

全課只丁士芬一人，終年作報告書一次，其材料多抄自海軍期刊，一星期到處數點鐘，此缺可以截曠，由別課兼理。

設備課

課長陶鈞，有中華無線電營業部為忙，亦少到處，所有海軍代辦電料、東沙辦件以及來往公事概由課員楊則棟辦理，此課員尚勤；葛昌鼎，自商船學校無兼課後，每月只發餉時見面；林元鋬，專管黨務事宜，並電報室保管電機材料，甚勤。

航警課

課長高憲乾，對於氣象完全不知，亦少到處，即有公事飯後必行，且心術、口德欠佳，與全事皆不對，此缺可以截曠；沈有瑃，每日繪氣象圖寄部並作報告所有文件，皆當辦理關於氣象之記載、各儀器之校對、統計月報等工作，極忙；江敏通，輪值氣象觀測外，保管氣象儀器、來往文件、抄寫函件、繪算月報等工作，甚勤且心細，作事有責任心，應予升格以獎之；許建鍾，輪值觀測外，無事；葉其臻，輪值觀測外，無事，且似有

兼土地局差事，非其值日不到處，以上兩員之職務可由
電官兼值，概可截曠。

總務人員

　　書記官嚴啟文，處中無伙食，上午辦理文件外，下
午即回家吃飯，此輩雖部令皇皇，終置若罔聞，處長亦
無法管束；軍需官陳鏡秋，每次辦購東沙糧料進款不少
藥品中多無照單寄島，弊端極多，每月報銷冊皆託人
造送、收發；林翔寰，住在處中，辦事尚勤；司官曹乃
發，極墮怠，故所有文件多由額外之司書陳寶全一人兼
理，此人係處長舊人，住在處中月貼其伙食費，沙臺每
月貼其廿元代辦文件。又有處長外甥鍾鼎一人，家住吳
淞鎮，專作巡防處報銷冊，月津貼似時元，東沙報銷冊
亦拖其代辦，每月亦津貼其廿五元，在家中辦理不到處
辦事，此人前亦處員，辦事頗佳。

　　巡防處中現狀如是故外人稱之為海軍養老院，忙者
太忙，閒者吃飯支薪之輩太多，可密派人查之，是否實
情。均在處多年，知之甚詳，鈞座日理萬機，又遣在京
畿，鞭長莫及，均在處多年知之甚詳；鈞座日理萬機，
又遣在京畿鞭長莫及，均蒙重愛捫心自問，自問安忍。
柏鈞受不明之名，任人蒙蔽，故敢冒昧頗陳，諸乞鑒察
改善，海軍幸甚也。

附件

　　「處長鈞鑒：昨日颶風經由廈門附近登岸，廈臺
氣象主任李景杭有意將觀測錯亂，誑報沙臺，加害工

作，以資錯誤沙臺氣象報告，理合據情檢舉，請予法
辦，以警將來事。竊昨晨颶風已過臺灣北部，當即電囑
廈、坎兩臺加以每小時觀測報告，以利預報。又於八時
廿分接得那霸氣象臺發下臺灣各地觀測，加以廈、坎各
臺觀測研究之廈，乃於八時半發出警報，定颶風之位置
在北緯廿五度，東經百十九度，向西北西或西進行。
其後接得各氣象報告，徐匯於六時定在緯廿五度，經
百十九點，向西偏北進行；那霸定與本臺雷同；元山定
在緯廿五度，經百廿度，向西北西進行；香港九時廿八
分，警報定在緯廿四度，經百十九度，向西進行。內除
香港外，各臺與沙臺皆相符合。縱上各臺推測，颶風
應從廈門與福州間口岸登陸，及至十一時收港臺轉來
（SS Empire Star）八時觀測，報告其船在緯廿三點六
度，經百十八點一度，氣壓七三五點五，風向正西，風
力六級，又接廈臺九時觀測，氣壓降至七三五點九五，
風順轉至北北東，風力四至五級。如以廈臺與船隻之報
告推究之，則香港所報地點最確，應由廈門與汕頭間登
岸，惟廈臺十時之觀測大致無甚變動，而十一時之觀
測，氣壓忽急降至七三三點九六，風忽反轉至西北，如
是則香港所報大誤矣，因此，深疑廈臺所報變幻無常，
故於十一時之氣向報告中乃用兩可之語意云颶風由鄰近
廈門海岸而登陸。後接廈臺十二時觀測，氣壓為七三三
點五五，風向竟由西北順轉至正東，深為駭異；又其一
時之觀測，氣壓急升至七三六點四六，風仍順轉至南南
東；又其二時之觀測，氣壓仍升至七三八點一七，風又
忽反轉至東南，於是方誤，大受其愚。所有觀測均有意

錯誤發來，以亂推算，設乏經驗者必悟出警報，譏笑遠東各氣象臺及海面船隻矣。想昨日颶風之低度達七三零公釐之下，風力在八級以上，既迫近廈埠，風之轉向與氣壓之升降當極有規則，考昨日除廈臺外，其餘各地之觀測均有規則，可知廈臺別有懷抱也。查坎、嵊各報警臺之設立，原為輔助沙臺工作之初旨，現廈臺所報不但無補，反受其苦，在此颶風當令之時，長此何堪，設想李景杭既存心嫁禍沙臺，敗壞我軍與國際榮耀，亟應呈部法辦，以申軍紀，並另派妥員接替，以重測政，至感公便。均叩世。」又電「航警課報告敘述其錯誤之點數飭，全文冗長，略云風向亂轉為迫近中心所必無之事，稍有航海學識皆知其錯，勿容置議。又自是日下午二時後，未經沙臺電令其停止，每小時觀測竟自停測不報，呼叫多時亦無答應，颶風雖登陸，獨不許其轉變軌道，經浙、滬或寧、蘇而復入海耶，其玩忽職務，蔑視沙臺於此可見等語。」兩電去後，至今如石沉大海，不知何故，想處長怕事又愛護其同鄉，故押而不發。當時有兩密電經沙臺轉發廈臺李景杭，一為處電，一為丁士芬，不知何事，惟丁士芬與其有密切關係，故有特約之秘密電碼，時通消息，均等孤掌難鳴，任人擺佈耳，似此逼迫有口難言，雖有金剛不壞之身，亦難經此不令人氣煞耶。

　　風聞香港僱輪情弊■多，巡防處軍需陳鏡秋有同學阮漢卿者，在港■執業，乃與朋比為奸，僱船一項與該公司另有秘密條約，聞每屆來沙以日計算，每日三百元，五日起碼，餘外過一日加三百元，由交船之日起計

算，在港上貨一日，來時航程一日，在島卸貨二日，回港航程一日，正是五日，倘因天氣不佳，在港候一日必多三百元。而與巡防處所訂條件，則自交船之日起，為期如過一日當加費四百元，渠等無絲毫損失，故每屆自交船之日即裝貨，次日不管天氣好否即復上船開行，臺員、兵役有類豬仔，視其生命如草芥，糧食料件等損失非出其己肉，歷屆因此，各員兵救苦連天，糧料損失青黃不繼，此暗無天日之事不勝枚舉，而彼輩責任已了，腰包已飽矣。

　　處長有否好處不得而知，惟凡百深恐多事，恐部責難公事，能過得去則是，其他概以不聞不見，多食飯少，開口為宗旨，每有沉請多被批駁，凡有公文必有所據先例，而後動文，不肯負此微責任，尤以均等誼屬鈞座門墻之下，深啟其忌不明何故，在其險威之下，悚不敢忽然，終難逃其逼迫。現三人之中，沈有瑊已負重傷，黃琇已死，碩果存均一人，遭此孤島支援殘局，然尤節節進攻，事事制肘，豈真門墻之下個個庸魯耶，均等素怛鈞座在位一日，誓當報效一日之宗旨，至死不怨，惟此等苦情無從申訴，故敢以長篇累讀，冒陳大概能達座前，於願已足，萬懇鑒原，不勝感悌也。均受命來此，無破半文運動，片紙薦函在臺職務處處心深恐有負使命，辦事協力圖治，尤慮有澳門墻，自問此心可對天日，可對黨國，而虎視眈眈者大有人在，此更盼鈞座名鑒者也。

　　本屆僱輪約定本月二十日至三十日之間，貨物、員兵早已抵港備便，該公司廿六日始交船，連日颶風滯留

島北，又有低度在島之東，致沙臺在狂風驟雨中。廿六早，香港阮君來電查詢天氣「延開損失重，天如何，速復。」當復云「天極惡，勿開」渠立電報告該處長云均不准其開，處長來電「頃據港電該處目下天氣極佳，擬極開島，而島電不准開島，如何辦法等語，查該船本已交來，如在港等天氣，不如在島之為愈（開赴颶風地帶候天氣，竟出自海軍將官之口），故已飭商港天文臺（沙臺名譽不顧），倘無特別危險，預備即開。至於卸貨困難，亦祇好到時相機辦理，並望隨時該船通報，期妥慎為要。」等語，奉電之下如坐針氈，可惜海軍將官不明事理。至此，故廿七早即復兩電，一敘理由，一請辭職務：「處長鈞鑒：宥急電奉悉。連日低度，滯留南海北部，致沙臺仍在狂風急雨中，昨日氣壓且低降，預測勢已成颶，頓呈惡象。昨下早起，港臺電商與本臺互換每小時觀測，迄今未息，此係天時如斯，非本臺可以杜撰妄為廣播也。阮君來電查詢天氣，據實答復並請勿開原為安全起見，非無故阻止，鈞座既信阮君所報天好，並飭商港臺倘無特別危險預備即開，只好聽天由命。至於該船在島等天氣更所歡迎，深恐其破舊體力難支耳，倘途中失事及卸運困難致悞船期，糧料損失等事或難負此重則，謹此，稟復，均叩感」；「處長鈞鑒：職到島以來凡百諸感困難，尤以才非學淺，每遇颶風迭心弔膽，數夜未眠不敢稍忽，深恐有誤職務啟人責問，數月於茲，幸未生他故。鈞座昨電深責電阻港船為失當，並飭阮君往商港天文臺，倘無特別危險預備即開一節，顯係不信職臺所播氣象為正確，似此沙臺不必設

立，職尸位素餐自知難勝此任，應請辭職，懇恩准轉呈
大部，另簡幹員前來接替。不勝惶恐，待命之至。均叩
感二」。查沙臺運輸重要工作之時，每日巡防處皆收東
沙報告，課中亦繪有天氣圖，處長竟漠不關心，仍置之
不聞不問，不察東沙實在天氣如何，只信阮君謊報顯蔑
視沙臺工作，均何顏再留此不去，此類無理責難之電報
極多，令人氣極神傷，始悟沈、黃二兄致病之所由來
也。廿七晚，又接阮君由港來電云：「船公司不肯再
延，人、貨物均已落船候開，如明日再不能開損失難
免。」當即復云：「開否請詢港天文臺並巡防處。」查
其電之語意知昨日船始交來，今日貨始裝妥，員兵亦已
趨下船去，候明日開何用惶急，至此，該人既非處員又
無支薪，口口以公家損失而嚇人，愈顯其事事為己利而
打算，可氣可笑而又可鄙也，序後萬懇派艦自運為妥。
廿八日處復電云：「該臺長因天氣惡劣電港阻開，自係
實在情形，而同時港方報天氣極佳，本處欲求敏捷起
見，故電港就近商詢，藉此正可以證明該臺長所報之不
虛，既未深責該臺長電阻開船為失當，又未深信港方所
報為準確，純係為公家著想，乃該臺長來電一則曰不信
該臺所報氣象，再則曰深責電阻港船為失當，意氣用事
不知所云，殊為詫異。本處長生平與人接物一秉至誠，
向無成見，不圖該臺長竟誤會，若此良深遺憾。頃據該
臺例報天氣轉佳，已飭港船即開，希隨時接洽，因限期
僅有二日也，所請辭職一節，著勿庸議，特復等語。」
隨後即再去電云：「儉電奉悉。前電誤會不加究，深感
鴻仁。現島上有日船三艘，職曾威惠先施，屆時諒可一

呼百諾幫同運駁，如能早到當晚開回可期，知關錦注，
錦先稟聞等語。」想渠既以誤會云，亦指可以誤會答
之，在人簷下過不敢不低頭也，均初出任事，凡事不得
不認真，此事不能向港臺詢問之即有不信沙臺之心，失
卻沙臺名譽，均之面子更失巡防處之身分。沙臺說天惡
即是不佳，無須證明之必要，危險豈有特別通常之分，
沙臺服務人員及糧料關係至巨，不能冒險從事，均職份
雖小，責任未必比巡防處為輕，糧船來去未便予人代
庖，認真辦事，顧惜名譽，諒亦鈞座所深許，非意氣用
事也，合併稟聞。廿九日，處電云港船已開，晚間將燈
塔放光，當即照辦（此事似欠合法）。下午七時半，始
呼得該糧船，問之云明晨上將可到，當即電知其船主
云，本臺燈塔已暫時放光，請其注意，如七時准到，諒
當晚可晚回也。

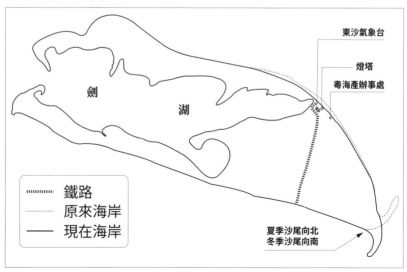

海政司呈東沙臺長方均臚陳各項意見函並附件

日期：民國 24 年 9 月 17 日（1935 年 9 月 17 日）

竊奉發下東沙臺長方均臚陳各項意見函，並附件奉批司詳核等因。當經職司分項詳核，謹陳如下：

一、該意見書內所陳東沙海產計畫、西沙建設及辦法並禁止粵辦各節，查東沙於前清時日人盤據該島採取海草、玳瑁為業，由粵省交涉時曾有報告言之較詳；西沙茂林島日人採取鳥糞為業，並在該島建造碼頭鐵橋一座，民國十四年曾有巡防處派員乘作海關巡船前往該島，並呈報前海軍部，亦有詳細記載。此種工業及航運異常艱苦危險，照通常民營辦法且須由日人為之或可獲利，官營絕決無辦法也。

二、該意見書所陳請予添購五百華脫式真空管長波機一節，查該臺前由西門子公司所裝電機內有真空管長波機，且載在本軍無線電調查表內，當時巡防處轉請添置，又無聲敘原裝之西門子真空管長波機不能應用理由，自未便為之核准，現該臺長來函，僅謂西門子機係屬老式之真空管長波，與所請添置者完全不同，亦並無聲敘該舊機不能適用理由，該臺長既稱必須添置，一再電處轉部。距今多時，該巡防處尚未為之呈部，當有緣故，查該處依敘辦核，有添配必要。

三、該意見書所陳該臺應添高空測候及地震儀器，查高空測候上年七月間曾由巡防處轉呈增設，並繕具儀器價格估單開費二千五百元，經常費每月八十元，

請予核示，當經指令該處先行派員實習，嗣得該處
呈復已派該臺長及陳孝樞兩員前往徐家匯天文臺
學習，隨經該處請准先購高空測候量機，並稱如由
徐臺代購祇收半價五百元等語；奉批有款，再行核
辦，等因。至於地震儀器，東沙、廈門兩臺均已列
入歷年該巡防處概算書內，隨時均可購置。管見以
上兩事，該臺長所陳確有見地，即照辦。

四、該意見書內所請修建鐵桅，修理臺屋兩節，查此案
最近已准巡防處所請，飭派錢公記及唐杲記雇用兩
工頭赴島勘驗，負責辦理，應俟該處估呈到部再行
核辦。

五、該意見書所陳東沙租船運輸，立約太苛，黑幕頗
多，俟後如以我軍之安定、克安兩運艦擔任前往，
每年約可省費萬餘元，以及廈門電臺、巡防處電報
室應加整頓。擬請指派已經學習氣象之電官鄭國
英、羅孝珪、方仰峯、翁家駒、余長升等分派服
務，庶於派員分任，黑幕查究，報務、測務均有裨
益，各節俟屬可行。

六、該意見書所陳巡防處現狀以及全體職員之勤惰應予
懲獎，並請派員密查一節，似係事出有因，即認真
由該司負責辦理。

七、該意見書所陳檢舉廈臺李景杭觀測錯誤，而吳
處長愛護不理一節，查臺長一職向有軍官、非軍
官充任之爭，似係各存意見，此次巡防處未予轉
呈，不為無因，以上所核情形。是否有當，伏乞
查明核辦。

鈞鑒

海政司司長許繼祥

海政司呈簽核東沙臺長方均所陳各項意見

日期：民國 24 年 9 月 20 日（1935 年 9 月 20 日）

謹密呈者，奉發下職司簽核東沙臺長方均所陳各項意見
一案，奉批：「各節自應分別遵辦」。惟關於所陳巡防
處現狀以及租船黑幕兩截，奉批：「即認真由該司負責
辦理黑幕查究」。等因。查該處自十八年迄今已達七
載，不但無甚成績，所有承辦各事尤多敷衍，塞責難
逃。鈞座既無成績，則事多玩忽，遂致黑幕發生，固在
意計中事，方臺長在處多年，提出檢舉似係實情，應如
何辦理之處，出自鈞裁。

謹密呈

部長

海政司司長許繼祥

如已有確證應列條指明，倘尚無實據即須密查，逐項證
實以憑究辦。

陳紹寬

九、廿

海政司函東沙臺長方均臚陳意見對於廈門電臺巡防處電報室應加整頓

日期：民國 24 年 9 月 21 日（1935 年 9 月 21 日）

關於東沙臺長方均臚陳意見對於廈門電臺巡防處電報室應加整頓，擬指派曾經學習氣象之電官鄭國英、羅孝珪、方仰峯、翁家駒、余長升等分派服務一節，經本司簽請核示，奉批派員分任可，等因；相應函請查照辦理，為荷。

此致

軍衡司

海政司啟

九、二一

海岸巡防處呈送東沙臺儀器報告書請鑒核

日期：民國 23 年 9 月 21 日（1934 年 9 月 21 日）

呈為呈送東沙島觀象臺儀器經過情形報告書，仰祈鑒核事。竊查本年七月，奉鈞部第四五六號訓令飭：「將東沙島觀象臺歷年測候，及經驗紀錄等項，督同該臺編造著述以備刊行，並將該臺歷屆所置儀器經過情形查明具報。」等因。經即轉飭該臺遵照辦理，旋據該臺長黃秀復稱：「現正趕辦著述，期於二十四年底該臺十周年紀念時，籌備發刊，以彰成績。」等情；曾於本年七月十七日呈報鈞部在案。茲復據該臺長呈送該臺儀器經過情形報告書一冊前來，查其所報各節，均屬實在。理合抄錄一份，具文呈請鑒核，伏乞賜予存查，實為公便。

謹呈

海軍部部長

附呈東沙臺儀器經過情形報告書一冊
海岸巡防處處長吳振南

照抄東沙觀象臺氣象儀器情形報告書
　　具報告書為遵令詳陳本臺各項氣象儀器之經過及整
理添置各情形事。竊查本臺氣象儀器設臺時，所有置備
者計可分為移用舊物與新置二種，其屬於舊物項下計有
福亭氏水銀氣壓表（Fortin Mercurial Barometer）一具，
最高、最低溫度表各一具，乾溼球溫度表一具，以上四
種均由海道測量局米祿司主任向海關價讓而來，皆屬海
關測候所業經使用多年之物。另有舊式林氏風機一具，
則係米主任私人贈送以上各儀器。民國十三年原設於吳
淞本處舊址試行觀測，十四年夏間東沙臺開始建設，
乃將以上各器寄島應用新置，項下計有湯氏水銀氣壓
表一具、克氏水銀標準氣壓表二具、日照儀二具、測
雲鏡二具、量雨器二具、量雨瓶二只、自記量雨計二
具（按以上儀器各辦二具者，當時係預備西沙設臺各
移一具前往裝用）、自記風力風向機全副、自記氣壓
表、溫度表各一具，上列各項新置儀器均係由前東沙監
督建設委員許慶文經手，托上海怡和洋行轉向歐西定
購。於十四年秋季運島至十五年春間，職奉派到島始著
手裝置應用，此外，尚有最高、最低溫度聯用表、乾溼
球溫度表等均在十五年以後陸續添置。以下當分別詳
述，尚有一切詳細情形，茲謹依照鈞處七月魚電轉下大

部分令內開，本臺各種氣象儀器名稱之次序，分別逐一
詳陳如次：

（一）水銀氣壓表四具

　　查內一具係海關價讓之舊物，已如上陳在淞時觀測
示度已不甚準確。十五年職到臺後，經將新舊各儀器細
加檢驗該表示度乃較常度低下達一英寸以上，後經查悉
係某員由滬裝帶時，忘將該表底部水銀槽下之螺絲旋
上，使管中水銀到達頂部，乃致管中留一部空隙橫裝箱
中後空氣竄入示度，故不準確，無法抽氣修復，經予廢
置不用，尚有新置三具，則均完好準確。現本臺每日觀
測氣壓均用克氏標準表兩具中之一具，尚有兩具仍照常
懸掛氣壓表壁櫥內，以備隨時比較。

（二）風向風力自記計全副

　　自記風力風向極為靈動準確，惟用已多年難免失於
修整，職此次到臺察覺該機已漸呈不靈狀況，風力自記
機往往記載太低。風向機遇風小之時所示輒作直線，竊
以氣空，除絕對靜寂無風，則風向表所示常依最後之風
向而作直線外，若稍有極微之風，則氣流之吹動斷無固
止於一點之理，勢必常向左右移擺，則風向表自亦不能
守一直線，經職遂部加以檢查發現障礙多點，均經分別
修理，現已恢復原狀。

（三）最高、最低聯合溫度表

　　此表係於民國十六年在職任內電港托購，因臺上原
用之最高、最低雨表係海關舊物，應用日久，示度每多
不合，故購此表以資替用該表，寄島後察其溫度（價僅
十五元）示數，乃刻於水銀玻管旁之磁版上，而不刻於

玻管之本身，且無儀器差度之證明書，知係市用品而非科學品，惟用以試行觀測則較最高、最低二表為便利。但其示度僅可求得最相近之數目小數點，以下則難以計出後，為力求準確起見，曾經電稟鈞處另購最高、最低溫度表各一具，奉準照辦，旋於十七年春間，寄島換用前購之聯合表只作為隨時比較之用。職此次到臺已不見該表，後於貯藏文具櫥內尋出該表之水銀玻管，雖尚完好而磁版上之畫度，業已大半模糊，模糊磁版外鑲鐵則已銹爛不堪，此表現仍保存但已無用處。

（四）最高、最低溫度表各一具

本臺最初所用之最高、最低兩表，於十六年失其效用，已如上陳，後經鈞處另購二具寄臺，至今尚在照常應用中。

（五）乾溼球溫度表二具

此表內一具亦係海關舊物，但歷年示度準確無誤，儀器亦尚完好，故至今仍在照常應用中。尚有一具係十七年添置，亦完好作為備用。

（六）颶風測驗盤一具

此器係於十五年間，鈞處直接向呂宋訂購，今年秋季寄島。是器係西曆一八九八年呂宋天文臺臺長Jose Algue 所創製，專供航海船舶遇有颶風朕兆時，藉以測驗之用。若在岸上氣象機關，則此器殊無重大利用之處，因此，器之創製但以積若干年之觀測統計為標準，惟每次颶風影響範圍及強度之大小，進行之方向及速率之疾徐互不相同，例如該表所示氣壓數目，按其所載與颶風中心距離為六十至一百二十海里，實際上有時颶風

低度較深，風勢強大者則在該表所示之氣壓數目時，中心位置上在二百海里以外；有時低度較淺，風力不大者則在該表所示氣壓數目時，中心位置或已在六十海里乃至三十海里以內，故此種儀器決不能資以為警報之標準。此器在本臺所是利用者只在該器之空盒氣壓表示度，與水銀表相較有固定之差率，遇有颶風進迫或經行本島時，除每小時觀測水銀氣壓表及各儀器、各現象外，並可藉此器隨時觀察氣壓升降之趨勢，不無裨益之處。

（七）測雲鏡二具

此鏡為觀測天空上中層各種雲類進行方向及大約速率之用完好無壞，現仍在隨時應用中。

（八）日照儀二具

此器係裝在本臺屋頂平臺上方向，合正子午線並校定在本島緯度之一點，按時插入相當紙片，器上鑲玻球，經日照作焦點在紙上燒成痕跡，每日升前插入，日落後取出檢察燒痕，藉以記載每日之日照時數，該儀兩具內，一具在照常應用中，尚有未用一具，亦保存完好。

（九）量雨計二具、量水瓶一只

此器係銅質，英國氣象局出品；量水瓶配附於量雨計，原有亦二只，現只存一只。現兩具分別地點高低安置，俱在應用中。

（十）自記氣壓表一具

此器應用多年，至今仍無損壞。每日所示氣壓數目與水銀標準表比較定差為一公厘，無不規則之差異，實

屬靈確可用。茲查悉本屆來船，鈞處當另寄每日氣壓自記表一具（以前各種自記表除風向、風力計係每日更換表紙一次外，餘均每星期一換紙一次），遇有颶風微小升降皆能計仔明晰，尤為利賴。

（十一）自記溫度、濕度表各一具

按溫度、濕度自記表其作用與最高、最低及乾溼球個溫度表相同，應同置於臺外草場中，特建之溫濕度觀測亭中方為適合，在職前次任內以前向皆照此安置錐。該雨表均用鐵製蓋框（一面鑲玻璃，以備觀測）遇有暴風驟雨難免受侵蝕，至於生鏽，但隨時留心整理，尚可經用日久。在職上次離任以前，以上兩表俱皆完好，乃本次到臺該兩表均已移置氣象辦公室內，室中溫度、濕度當然不能與草場中四無障蔽之觀測亭各表所示相同，是則置在室中已完全失其用處，且雨表外鑲之蓋框即所以阻止自記槓桿及筆尖等受塵垢之侵襲，乃俱皆撤棄，蛛絲蟲糞麕集器中各部，示度完全不靈。後經細加剔刷修理，自記表現尚可用，而濕度自記表之毛髮（毛髮為濕度表之主要品，因利用感覺最銳之毛髮，依濕度之長少從而伸縮）均皆散斷不堪無法修好，幸職此次來臺帶有溫濕球兩用自記表具一具，裝設觀測亭中尚堪替用。

（十二）舊式林式風針一具

此器英名為（Lin's Pressure Anemometer），係十七世紀歐西最初發明之一種小風機構造，極簡單長闊均不及一英尺，只可供旅行攜帶之用，以之正當測風實無用處。本臺已有鉅製之自記風向、風力計，故此小機從未用過，現常置在備用一器櫥中，聊作古物之陳列。

（十三）自記量雨計二具

本臺自記量雨計原只裝用一具，另一具作為備用。十九年四月，職接管臺務時，原設之自記量計業已全部損壞外，裝箱套玻璃器內通水部分及計雨指針亦皆折斷。該器停用已久，查係受十八年秋季颶風所摧毀，無法修整，當經另置木箱架將另一新器裝設於臺外草場上適中地點，至今所設箱架尚見完好，無絲毫損壞。乃未知在何人臺長任內，竟將此自記計移裝屋頂鑿孔下，通氣象辦公室記載儀器，在室內靠北牆而設。按屋頂與地面高度相差二十餘尺，雨在高處傾斜較多所得雨量自不能與地面相符，且亦將保護自記機件之鐵鑲玻璃蓋框完全撤去，各部所受損壞與上陳之氣溫、濕度兩表相同。雖經加以修理，目下仍可記載，但所示之量終因地點之高下不同，常較地面雨量計實測之量相差甚多，本擬將此器移回原處，惟以鐵框業已遺失無法照辦。

（十四）乾溼球合用自記表

查前沈臺長曾因本臺自記溫度、濕度兩表業已損壞，電請鈞處添購，旋由鈞處呈奉部准照辦。但本次職來島時，定購之表未曾辦到，故先將前次奉部准添置廈門電臺用，適已辦到之溫度表合用自記表一具，帶島暫時應用。茲查悉本臺前所請購之自記表，現已運到本屆，即可寄島。又查該表亦係每日自記表，則其記載自必更為準確適用，前暫借用廈臺一表，謹當即輪繳還鈞處轉發廈臺應用。

須至報告者

右呈

海岸巡防處處長吳

東沙觀象臺臺長黃琇謹具

23.07.15

海軍部令關於增設東沙高空測候機及地震儀器仰與徐匯天文臺接洽購辦由

日期：民國 24 年 9 月 21 日（1935 年 9 月 21 日）

令海案巡防處處長吳振南

案查上年七月間，該處呈請增設東沙高臺測候，並繕具儀器及經費估單，乞核示一案，當經指令該處先行派員實習去後，據該處呈復：「業派方均、陳孝樞兩員前往徐臺實習，並電請先購高空測候應用之測量機，如由徐臺定購，僅需半價。」等情。現擬增設高空測候以及地震儀器，合亟令仰該處，即將高空測候所有儀器核實估計，並高空測量機以及地震儀器，仍應查案，再與徐臺接洽購辦，以期節省，仰即遵照。

此令

部長陳○○

經理處函關於巡防處擬增設高空測候以及地震儀器核實估計辦理

日期：民國 24 年 9 月 25 日（1935 年 9 月 25 日）

逕啟者：

准貴司抄付部令：「關於巡防處擬增設高空測候，以及地震儀器核實估計辦理一案，移請查照。」等因。查添購前向儀器，除該處已列廿四年度預算外，其高空測候

氣價款該年度預算並未列入，將來報銷殊感困難，以後
貴司如有承辦各機關■■請款，為■較鉅之文件，請知
照本處查照；請該省發預算再行辦理，為荷。
此致
海政司

海軍部經理處啟

海岸巡防處呈報接洽購辦高空測候一切儀器及添置地震儀情形並附開辦經常核實估單祈示遵由

日期：民國 24 年 10 月 11 日（1935 年 10 月 11 日）

呈為呈報接洽購辦高空測候一切儀器，及添置地震儀情
形，並附開辦經常核實估單，仰祈鑒核事。竊查鈞部訓
令第五九九七號開：「案查上年七月間，該處呈請增設
東沙臺高空測候，並繕具儀器及經常估費，乞核示一
案，當經訓令該處先行派員實習去後，具該處呈復：
『業派方均、陳孝樞二員前往徐臺實習，並電請先購高
空測候應用之測量機，如由徐臺定購，僅需半價。』等
情。現擬增設高空測候以及地震儀器，合亟令仰該處即
將高空測候所有儀器，核實估計，並高空測候機，以及
地震儀器，仍應查案再與徐臺接洽購辦，以期節省，仰
即遵辦。此令。」等因；奉此，遵即轉飭航警課再與徐
臺切實接洽，並飭將增設高空測候所有應用儀器，即開
辦經常各費，逐一核實估計，開具詳細清單，以憑轉呈
鑒核去後，茲據航警課課長高憲乾復稱：「奉令之後，
遵與徐臺切實接洽，據龍臺長云，高空測量儀一項，現

如用渠名義定購，本年約架陸百元之譜，其餘各項儀器
價目，仍與上年不相上下，惟上半年開單，未列輕氣測
量表及測算盤兩項，現須加購，以臻完備；至地震儀一
項，如須完備，應購全套六具，但所費甚鉅，亦可先則
主要者購一具應用等與。又查方均上年估計增設高空測
候時，對於輕氣筒一項，擬利用東沙臺燈塔放光空氣筒
裝置此項輕氣，故僅列輕氣價目，而未列筒價，此次查
詢龍臺長，始知高空輕氣筒，係法國廠家原製之品，萬
無更易之理，似此情形，則沙臺燈塔放光之空氣筒，斷
難利用，又須添列輕氣筒押櫃費一項，但此款將來仍可
收回。又查方均上年開送估單時，因增設與否，尚在未
定，故對於水腳關稅兩項，未嘗預算，現在既擬增設，
則以上兩項費用，又應一併列入。有此種緣由，經與龍
臺長核實研究，謹具詳細估單二份，伏乞據情核轉。」
等情。查該課長所陳各節，均係實在情形，核其增設高
空測候估開數目，開辦費項下，約計國幣參千伍佰餘
元，經常費項下，每月約計國幣壹百壹拾元之譜；至增
設地震儀用費，約計國貳簽陸百餘元。理合將奉令接洽
購辦情形，並檢同該課長所送估單二份，具文呈請鑒
核，應如何購辦增設之處，仍候訓示祇遵。

謹呈

海軍部部長

附呈估單二份

　　　　　　　　　　　海岸巡防處處長吳振南

估單

謹將增設高空測候儀器價目及開辦經常各費詳估列後

計開

開辦費項下

測量儀	一具	約六百元	全磅四十五磅。照現時市價約合如上數。
測量儀關稅水腳等費		約二百元	照通例舶來品應照原價約加三成零計算。
輕氣筒押櫃費	十四筒	約壹千四百元	每個百元，每批七個，起碼每年兩批以資調換。
平衡機	一具	約五十元	
測算盤	一具	約六十元	
輕氣測量表	一具	約六十元	
跑馬錶	一具	約伍十元	
備用輕氣球	四百個	約四百元	全年預算。
裝輕氣	十四筒	約七百五十六元	全年預算。每筒約裝六立方尺，計洋五十四元。

以上共約洋三千伍百七十六元正

經常費項下　以月計

輕氣球	每月三十一個	約三十一元	
輕氣	一筒	約六十元	每筒輕氣可供放氣球二十五個至三十二個之間，每月計應消耗一筒餘。
表紙雜項		約十元	
氣筒逾期租費		約九元	氣筒使用每次期限四個月，在期限內不另取費。每個每月租費二元五角，因徐臺糧船期關係，每批七個，以逾期三個月計應出租費五十二元五角，全年計壹百零五元。每月應攤如上數。

以上每月，共約洋壹百壹拾元正

謹將增設地震儀器價目及用費詳估列後

計開

| 地震儀 | 一具 | 約洋二千元 | 全套應六具，方屬完備，茲先擇主要者購置一具應用。 |
| 關稅水腳等費 | | 約洋六百餘元 | 通列舶來品照原價約加三成零計如上數。 |

共約洋二千六百餘元正

海政司呈購辦高空測候儀器及添置地震儀情形開列各費估單乞核示

日期：民國 24 年 10 月 15 日（1935 年 10 月 15 日）

竊奉發下海岸巡防處，呈報：「接洽購辦高空測候儀器，及添置地震儀情形，開列各費估單，乞核示一案，奉批司處核。」等因。查該處於廿三年七月開，送增設高空測候用費估單計列二千伍百餘元，嗣復電陳：「如由徐臺代購測量儀，僅需半價。」等語；則是為數僅千餘元，按之該處廿四年預算雖未列入另款，尚可於購置費項下為之挹注，此次估計列為三千伍百餘元，將來報銷自感用難。至東沙臺地震儀，該處原送之廿四年度概算書計列二千元，此次所送估單列為二千六百餘元，亦係溢出預算範圍。似此情形，此兩項增設祇得歸入廿五年度內，再行辦理。擬請指令該處於造送廿五年度概算時，即將增設高空測量器價另款列入，並地震儀預算亦須估實加列當否，乞示遵。

海政司司長許繼祥

海軍部令據呈送購辦高空測候儀器及地震儀估單核與廿三年度所送估單不符仰一併估實列入念五年度概算書另款辦理

日期：民國 24 年 10 月 16 日（1935 年 10 月 16 日）

令海岸巡防處處長吳振南

廿四年十月十一日呈一件，呈報接洽購辦高空測候一切儀器及添置地震儀情形開列各費估單請核示由呈件，均悉。查該處念三年七月間，開送增設高空測候用費估單，計列二千五百餘元，嗣復電陳：「由徐臺代購測量儀，僅需半價。」等語，則是為數僅千餘元。按之該處廿四年預算雖未列入另款，尚可於購置費項下報銷，此次估計列為三千五百餘元。又東沙臺地震儀，該處原送之廿四年度概算書，計列二千元，此次所送估單，列為二千陸百餘元，亦溢出預算範圍，應歸入廿五年度內辦理，仰該處於造送廿五年度概算書內，將此項高空測量器價，另款列入其地震儀預算，一併估實加列，可也。此令。

部長陳○○

海軍部令仰剋日擬具整理東沙觀象臺方案呈候核奪

日期：民國 25 年 6 月 24 日（1936 年 6 月 24 日）

令海岸巡防處處長吳振南

案據通濟艦長孟琇椿呈報點驗東沙觀象臺情形，請察核，等情。查該臺情形如此業務可知，除該臺臺長方均、技正袁振岳、主任林昭照、醫官周舟心交付懲罰並

抄呈給關外，合行令仰該處長剋日擬具整理該臺方案，
呈候核奪。此令。
附抄呈一件

部長陳○○

海岸巡防處呈遵擬東沙島觀象臺整理方案乞鑒核

日期：民國 25 年 7 月 11 日（1936 年 7 月 11 日）

呈為遵擬東沙島觀象臺整理方案，仰祈鑒核事。奉鈞部
訓令第四一九一號開：「案據通濟艦長孟琇椿呈報點驗
東沙觀象臺情形，請察核，等情。查該臺情形如此，業
務可知，除該臺臺長方均、技正袁振岳、主任林昭照、
醫官周舟心交付懲罰，並抄呈給關外，合行令仰該處長
剋日擬具整理該臺方案，呈候核奪。此令。」等因；並
附抄孟艦長原呈一件。奉此，自應遵照辦理，茲謹遵擬
整理該臺方案一件，隨文呈請鑒核。是否有當，伏候察
奪施行，實為公便。
謹呈
海軍部部長
附呈整理東沙臺方案一件

海岸巡防處處長吳振南

東沙島觀象臺整理方案

　　謹擬東沙島觀象臺整理方案，恭請察核。

（一）查該臺房屋牆壁現已滲漏破壞，若待本處二十五
　　　年度概算案核定後興修，則其破壞範圍必廣損失

尤多，已擬具今秋擇要局部先修辦法，另文呈請
鑒核。

（二）查該臺地居海島，天氣特殊，所有鐵桅及拉線並
鍋爐房、風力機架等項建設易受風雨浸蝕，端賴
平時頻加油漆，以資護持。前任臺長間有對於辦
公應用料材並不一次購足，有續從香港購者，有
續從臺灣購者，利用漁船帶島，此中流弊甚多，
浸無稽考。嗣後對於該臺油漆料較應責令在滬一
次購足，不得短少，現經本處為之詳細核算，每
年以油漆兩次為標準，每月應購油漆陸拾元，此
後例如辦五個月料件即應一次購足油漆參百元，
辦七個月者遞加，以杜流弊而昭核實。

（三）查該臺燃料至關重要，前經本處請製該臺燃焗爐
並奉鈞部規定，所用燃煤應在該臺公費項下開支
在案。但臺長若購煤不足，至燃料缺乏時，必砍
伐樹木以資救濟，鍋爐擱置既慮銹損，樹木頻伐
尤慮荒林，且於島上衛生極有關係，現經本處為
之平均核算，每月至少須用煤兩噸，此後例如辦
五個月糧料即應責令一次購足燃煤十噸，辦七個
月者遞加，以重公物而顧衛生。

（四）查該臺修繕項下每月規定五十元，此項修繕材
料亦關重要，臺長如能照數購足，自足救用，
此後對於上項修繕材料不論辦五個月或七個月
既須責令一次購足，並應責令臺長酌量修繕情
形，支配材料數量預為開列明目數量清單送
處，以資查核。

（五）以上（二）、（三）、（四）三條所列油漆、燃煤及修繕料件或關臺上建築，或關臺上衛生均為極要之事，不得不嚴重監督，以昭妥慎。除燃煤可在軍艦出發地購辦外，其餘油漆及修繕料材均須在滬一次購足，並應責令將以上三項所購品名、數量預列清單二份，以一份送處存查，以一份交運輸軍艦點驗，俾資稽考而清積弊。

（六）以上三項料件如遇臺長交卸時，設有盈餘不論多寡概不得與後任臺長抵款帶走，應作為公積料件列冊移交後任留備萬一之需。

（七）查該臺士兵編制中如輪機上、中、下士及鐵工、木工、泥工、帆纜下士等均須有專門技藝方勘遣用，此後除普通勤務、炊事等兵准由臺長自行覓顧外，其餘凡關專門技藝士兵應一律由處飭課選補，以期稱職而免濫竽。

（八）此後該臺調補士兵非在瓜代時期不得擅離，並應一律附搭軍艦進出，如遇士兵病重必須離臺醫治，而適有漁船可搭者亦應事前由醫官負責證明，經處核准後方可離島，並由處隨時報部截曠。

（九）查該臺衛生事宜，開臺時本有規定，但日久玩生以致房間鋪陳均不整潔，此後應責成臺長督率全臺員兵認真奉行，並責成醫官每日須至全臺辦公室及員兵膳室、臥室、廚房、廁所等處親查一次，如有不合衛生之處應立即加以糾正，以重衛生。

（十）此後應則令臺長督率全體員兵努力推行新生活
　　　運動，以期振作精神而資整策。

海軍部令仰重行擬訂整理沙臺方案

日期：民國 25 年 7 月 15 日（1936 年 7 月 15 日）
令全國海岸巡防處處長吳振南
二十五年七月十一日呈一件，遵擬東沙島觀象臺整理方
案，乞鑒核由，呈及方案均悉。查此案係因東沙臺濫伐
島中樹木，及根據點驗該臺孟艦長所報告，認為有擬訂
整理方案之必要，該臺宜種植樹木花草，講求衛生，整
頓服裝及定時修繕房屋等事將來作為成績，以資考核，
此屬於整理方案範圍，乃此次所議僅為代辦該臺購料事
項，該處遠距該臺計慮既恐難周，反使臺長對該臺組織
條例第四條之規定諉卸責任，應即按照前項方案原則，
重行擬訂，勿再敷衍，致干未便。切切。此令。
　　　　　　　　　　　　　　　　　　　部長陳○○

海岸巡防處呈重擬東沙島觀象臺整理方案乞鑒核

日期：民國 25 年 7 月 23 日（1936 年 7 月 23 日）
呈為呈送重擬東沙島觀象臺整理方案，仰祈鑒核事。竊
本處前呈東沙島觀象臺整理方案一案，旋奉鈞部指令第
四五八七號開：「呈及方案均悉。查此案係由東沙臺濫
伐島中樹木，及根據點驗該臺孟艦長所報告，認為有擬
訂整理方案之必要，該臺宜種植樹木花草，講求衛生，
整備服裝及定時修繕房屋等事將來作為成績，以資考

核，此屬於整理方案範圍，乃此次所議僅為代辦該臺購
料事項，該處遠距該臺計慮既恐難周，反使臺長對該
臺組織條例第四條之規定諉卸責任，應即按照前項方
案原則，重行擬訂，勿再敷衍，致干未便，切切。此
令。」等因；奉此，自應遵照辦理，茲謹重擬整理該
臺方案一件，具文呈請鑒核。是否有當，伏候察奪施
行，實為公便。

謹呈

海軍部部長

附呈重擬整理東沙臺方案一件

海岸巡防處處長吳振南

東沙島觀象臺整理方案

謹擬東沙島觀象臺整理方案，恭請鑒核。

（甲）查該臺僻居荒島，氣候特殊，端賴多植樹花木藉
以調劑空氣。聞島上原有大樹，歷年為臺兵及漁
戶砍伐，現已所存無多，亟應禁止砍伐，一面從
事補充以資維護，謹擬整理辦法三條列後：

（一）島上現存之大小樹木應由臺長嚴禁臺兵，
並佈告漁戶此後一概不准砍伐，對於新生
小樹並應通飭臺兵隨時保護兼施培植，以
期滋長迅速。

（二）樹木已砍去之空地上應由臺長在華南一帶採
購合宜熱帶之樹苗帶島種植，以資補充。

（三）聞島上土質不宜種植花草，此後每次運艦
到島時應由臺長在華南購土數方，陸續帶

島於相當地點造成花臺多處，並採購合宜
熱帶花種帶島種植，以資調劑。

（乙）查該臺彈丸之地員兵工作於斯膳素，於斯平時
毫無運動，以致精神不濟，實於衛生大有妨礙，
謹擬整理辦法三條列後：

（一）該臺面積不大，若欲設備足球、籃球等項
運動自屬不易，此後應由臺長添置乒乓球
及網球兩項設備輕而易舉，所費無多，俾
員兵於工作之暇得以藉此鍛鍊身體。

（二）此後臺上員兵凡起居食宿及工作休息時
間，均應由臺長酌量情形畫一規定，不得
任員兵隨意為之。

（三）臺上軍醫員應負全臺衛生之責，此後應由臺
長督率軍醫員每周至全臺辦公室及員兵膳
室、臥室暨廚房、廁所等處檢查一次，如有
不合衛生之處應隨時加以糾正，以重衛生。

（丙）查軍事機關服裝首貴整潔，該臺遠居海島以為
人跡罕至，每多率意為之，實於觀瞻有礙，謹
擬整理辦法二條列後：

（一）此後應由臺長以身作則督率全臺員兵在辦
公時間一律穿著軍服並應整齊修潔，夏令
服裝尤應多備，其技正、軍醫等職雖係僱
員性質，但一經受本軍委任，即應按照階
級製備服裝不得獨異，以資整策。

（二）此後全臺員兵服裝、舖蓋應由臺長援照艦
艇定章規定每周洗衣日期，以資修潔而免

汙垢。

（丁）查臺上房屋時受海濱風雨之浸最易剝蝕，修繕
工作甚關重要，謹擬整理辦法二條列後：

（一）此後該臺房屋應由臺長規定每年分春、
夏、秋、冬四季飭令木工、泥工等修繕四
次，以保建設而免受損。

（二）此後凡遇每年檢閱期近應由臺長臨時特別
修繕一次，以示鄭重而壯觀瞻。

海軍部令呈送重擬東沙觀象臺整理方案應即遵辦仰令飭知

日期：民國 25 年 7 月 25 日（1936 年 7 月 25 日）

令海岸巡防處處長吳振南

二十五年七月二十三日呈一件，呈送重擬東沙觀象臺整理方案，乞鑒核由，呈及附件均悉。該臺應即遵照，此項整理暫行章程認真辦理，將來考核成績併當以此依據，仰遵令飭知，可也。此令。

部長陳○○

民國史料 50

民國時期南海主權爭議：
海事建設（一）

South China Sea Territorial Disputes
in Republican China:
Marine Construction, Section I

主　　編　許峰源
總 編 輯　陳新林、呂芳上
執行編輯　林弘毅
美術編輯　溫心忻
封面設計　溫心忻
文字編輯　周致帆

出　　版　開源書局出版有限公司

香港金鐘夏慤道 18 號海富中心
1 座 26 樓 06 室
TEL：+852-35860995

民國歷史文化學社 有限公司

10646 台北市大安區羅斯福路三段
37 號 7 樓之 1
TEL：+886-2-2369-6912
FAX：+886-2-2369-6990

http://www.rchcs.com.tw

初版一刷　2021 年 4 月 30 日
定　　價　新台幣 400 元
　　　　　港　幣 105 元
　　　　　美　元　15 元
I S B N　978-986-5578-17-6
印　　刷　長達印刷有限公司
　　　　　台北市西園路二段 50 巷 4 弄 21 號
　　　　　TEL：+886-2-2304-0488

國家圖書館出版品預行編目 (CIP) 資料

民國時期南海主權爭議：海事建設 = South
China sea territorial disputes in Republican
China : marine construction/ 許峰源主編 . --
初版 . -- 臺北市 : 民國歷史文化學社有限公司 ,
2021.04

冊；　公分 . -- (民國史料 ; 50-51)

ISBN 978-986-5578-17-6 (第 1 冊 : 平裝). --
ISBN 978-986-5578-18-3 (第 2 冊 : 平裝)

1. 民國史　2. 南海問題

628　　　　　　　　　　　　110004575